Herbert Paukert

Sterz & Polenta

Bildnachweis
Coverfoto: Günther Hauer, Graz
Fotos Umschlag-Rückseite: Günther Hauer (3), Wilhelm Hufnagl (1)

Fotos im Buch:
Andrea Jungwirth (S. 63)
Mani Hausler (S. 42, 43, 48, 49)
Thomas Böhm (25, 26, 71, 91)
Wilhelm Hufnagl (23, 28, 29, 37, 50, 51, 54, 55, 56, 57, 80)
Archiv Leopold Stocker Verlag (S. 21, 30, 46, 59, 77)
Roman Goldberger (S. 7)
Angelika Konrad (S. 9, 60, 73)
Peter Berndgen (S. 90)
Archiv Herbert Weishaupt Verlag (62, 76, 81, 84, 87, 90)
Alle übrigen Fotos: Günther Hauer, Graz

Für die Rezepte auf den Seiten 14 (u.), 16 (o.), 17 (o.), 20 (o. und u.) bedanken wir uns bei Frau Mathilde Auerbäck aus 8225 Pöllau.

Der Inhalt dieses Buches wurde vom Autor und Verlag nach bestem Gewissen geprüft, eine Garantie kann jedoch nicht übernommen werden. Die juristische Haftung ist ausgeschlossen.

Bibliografische Information Der Deutschen Bibliothek
Die Deutsche Bibliothek verzeichnet diese Publikation in der Deutschen Nationalbibliografie, detaillierte bibliografische Daten sind im Internet unter http://dnb.ddb.de abrufbar.

Hinweis: Dieses Buch wurde auf chlorfrei gebleichtem Papier gedruckt. Die zum Schutz vor Verschmutzung verwendete Einschweißfolie ist aus Polyethylen chlor- und schwefelfrei hergestellt. Diese umweltfreundliche Folie verhält sich grundwasserneutral, ist voll recyclingfähig und verbrennt in Müllverbrennungsanlagen völlig ungiftig.

Auf Wunsch senden wir Ihnen gerne kostenlos unser Verlagsverzeichnis zu:
Leopold Stocker Verlag GmbH; Hofgasse 5/Postfach 438; A-8011 Graz
Tel. +43 (0)316/821636; E-Mail: stocker-verlag@stocker-verlag.com
www.stocker-verlag.com

ISBN: 978-3-7020-1278-6
Alle Rechte der Verbreitung, auch durch Film, Funk und Fernsehen, fotomechanische Wiedergabe, Tonträger jeder Art, auszugsweisen Nachdruck oder Einspeicherung und Rückgewinnung in Datenverarbeitungsanlagen aller Art, sind vorbehalten.
© Copyright: Leopold Stocker Verlag, Graz 2010
Printed in Austria
Umschlaggestaltung, Layout und Repro: Werbeagentur Rypka GmbH., 8143 Dobl/Graz
Druck und Bindung: Druckerei Theiss, A-9431 St. Stefan im Lavanttal

Echte Hausmannskost

Herbert Paukert

Sterz & Polenta

Alte & neue Rezepte

Leopold Stocker Verlag
Graz - Stuttgart

Inhalt

Glossar 6
Sterzologie 6
Abkürzungen 6
Vorwort 7
Einleitung 8

Sterz-Gerichte

Häfensterz mit saurer Milch 11
Sterz (Grundrezept) 11
Brennsterz 11
Polentasterz als Beilage 12
Riebel (Maissterz) 12
Maissterz mit Schwammerln 12
Polentasterz mit Grammeln 14
Sterz aus Getreideschrot 14
„Türken"-Sterz geröstet 14
Riebelsterz mit Erdäpfeln 16
Breinsterz 16
Gerstensterz 16
Halbsterz 17
Sauerbrunner Bohnensterz 18
Erdäpfelsterz 18
Topfensterz 18
Bettlersterz I 20
Bettlersterz II 20
Holzknechtsterz 20
Schwammerlsterz 22
Gersten-Bohnen-Sterz 22
Grießsterz 22
Steirischer Schwammerlsterz 23
Heiden(Buchweizen)sterz 24
Heidensterz II 24
Steirischer Grießsterz 25

Süße Sterze

Topfenriebel mit Holundermus 27
„Verheirateter" Sterz 27
Ölsterz 27
Grießsterz mit Zwetschkenröster 28
Süßer Polentasterz 29
Bagersterz 30
Polentatommerl 31

Suppen, Suppeneinlagen & Beilagen

Mais-Safran-Suppe 33
Schweizer Mais-Milch-Suppe 33
Maissuppe 33
Polentaknöderlsuppe 34
Sterzsuppe mit Lauch 35
Polentanockerln 36
Woazschnitten (Polentaschnitten) 36
Polentascheibchen 37

Pikante Polentagerichte (Hauptspeisen)

Pikante Sterzecken mit Bauernschinken 39
Überbackene Polenta 39
Pfannküchlein mit Maiskörnern und
    Pilzen 39
Polentascheiben mit Schinken 40
Gemüse im Maisgrießring 41
Polenta mit Kastanien und Speck 42
Polentascheiben auf Spinat 42
Maisschmarren mit Bohnengemüse 44
Gebratene Maisrösti 45
Polenta-Kürbis-Kuchen pikant 46
Maisgrießauflauf mit Speck, Salami und
    Sultaninen 47
Kürbiskernölpolenta mit Mischpilzen .. 48
Polentagratin 50
Polenta und Fricka (Holzhackerkost aus
    dem Gailtal) 52
Polentarhomben mit Pilz-Käse-Sauce ... 52
Gegrillte Bohnenpolenta 53
Gegrillte Hendlhaxen mit Polentatalern 54
Hasenpfeffer mit Polentascheiben 56
Polentaauflauf mit Schafkäse 57
Polentaecken mit Schwammerln und
    Faschiertem 58
Polentaschnitten mit Käse überbacken . 58
Gebackenes Osterkitz in der Polenta-
    kruste mit kalter Olivenölsauce .. 60
Pikante Polentatorte 62
Polentakarpfen 62
Tofu-Pilz-Ragout mit Polenta 63
Polentalaibchen mit Käse, Speck,
    Schwammerln und Paradeisern 64
Saibling auf Linsen mit Polenta 65

Polenta auf italienische Art

Polenta-Grundrezept 67
Römische Krusteln 68
Erdäpfel-Polenta 68
Polenta-Gratin mit Frühlingszwiebeln
    und Gorgonzola 69
Polenta alla griglia (Gegrillte Polenta
    mit Spiegelei) 70
Tischpolenta 70
Polenta-Pizza 71
Gnocchi di polenta al gorgonzola (Nockerln
    aus Maisgrieß mit Gorgonzola) 72
Polenta alla pancetta 72
Polenta nach Lasagne-Art 73
Maisbrot 74
Maisbrot II 74
Gekochte oder gegrillte Maiskolben ... 74
Maismehlgarnica (Rumänien) 76
Mohngarnica (Rumänien) 76
Mamaliga (Rumänisches Nationalgericht) 77

Süße Polentagerichte

Süße Polentacreme 79
Polentapudding mit Früchten der Saison 79
Süße Polenta mit Früchten 80
Topfenknödel mit Maisgrieß 82
Gebratene Polentascheiben mit
    Zucker und Zimt 82
Polentaknödel auf Vanillesauce 82
Maisgrießsoufflé mit frischen Feigen . 83
Süßer Maisgrießauflauf 84
Sterzauflauf mit Fruchtsauce 85
Maisgrießparfait mit Beerensauce 86
Sterz- oder Grießflammeri 86
Süßer Maisgrießbrei 87
Gebratene Polenta mit Rhabarber-
    kompott 88
Polenta mit Äpfeln 88
Polenta-Apfelschmarren 89
Polenta mit Mandelhaube 90
Himbeerstrudel mit Sterz 92
Gebackene Polentanudeln mit
    Glühwein 92

Glossar

Eidotter	Eigelb	Plent'n	in einigen Regionen Dialektbezeichnung für Polenta
Eierschwammerln	Pfifferlinge		
Eiklar	Eiweiß	Polenta	Brei aus Maisgrieß, Maismehl
Erdäpfel	Kartoffeln	Polentagrieß	Maisgrieß
Faschiertes	Hackfleisch	Polentamehl	Maismehl
Germ	Hefe	Reibeisen	Küchenreibe
Grammeln	Grieben	reiben	raspeln
Heidenmehl	Buchweizenmehl	Schmalz	Schweinefett
Hendl	Hühnchen	Schwammerln	Pilze
Hendlhaxen	Hühnerkeulen	Semmelbrösel	Paniermehl
Kraut	Kohl	Sterzmehl	Maismehl
Obers	Sahne	Woaz	in einigen Regionen Dialektbezeichnung für Mais
Paradeiser	Tomaten		

Sterzologie

Im Dialekt klingen die Bezeichnungen der einzelnen Sterz- und Polentagerichte folgendermaßen (das „v" wird als kurzes, nicht sehr hell klingendes „a" ausgesprochen).

astruv(b)mštez (Erdrübensterz): Erdäpfelsterz, auch evdäipflstevz
brä(n)schtelv = Brandsteller, angebrannter Kukuruzsterz
bräinštevz = Brennsterz, glundnv = gelundener Brennsterz: das Mehl wird ohne Fett gelunden (geröstet)
braištaz = Breinsterz, Sterz aus Hirsebrei
fv'hairvtetv štez = verheirateter Sterz, Sterz halb mit Mehl, halb mit Erdäpfeln, auch hairvstevz glundnv štaz = gelundener Sterz: Roggen- oder Weizensterz. Das Mehl wird ohne Fettzugabe geröstet (gelunden), nach Aufgießen mit Wasser quellen lassen, dann mit Grammelfett oder Butterschmalz abschmalzen
häifnštevz = Häfensterz: Weizenmehl in einem Klumpen in siedendem Wasser gekocht, zerbröckeln, ausquellen lassen, abschmalzen, auch wovzenv stevz hairvtstevz, siehe fv'hairvtetv stez
hobvštez = Hafersterz, Sterz aus Hafermehl
hov(d)nštaz = Heidensterz, Sterz aus Heidenmehl, Buchweizenmehl

Abkürzungen

EL	Esslöffel
g	Gramm
kg	Kilogramm
l	Liter
ml	Milliliter
Msp.	Messerspitze
P.	Packung
Stk.	Stück
TL	Teelöffel

kranest = Kräh(en)nest, Hafersterz, der in einer tiefen Schüssel angerichtet wird. In die Mitte eine Grube drücken und viel Butterschmalz hineingeben,
pfÿun'steaz = Pfannsterz, Schmarrenteig ins heiße Fett schütten, zerbröckeln, nicht süßen, dazu Salat
roggnštaz = Roggensterz, Sterz aus Roggenmehl
ruv(b)nštaz = Rübensterz, Erdäpfelsterz, ruv(b)m = Erdäpfel
štaz, šteaz = Sterz
trgeschv števz = Erdäpfelsterz, auch astruv(b)mstez
wovzenv števz = Weizensterz, Sterz aus Weizenmehl

Vorwort

Das vorliegende Buch ist kein gewöhnliches Kochbuch. Neben alten, ja sogar uralten Rezepten, die noch von unseren Großeltern bzw. Urgroßeltern stammen, finden Sie in diesem Kochbuch auch neue Sterz- und Polentagerichte, die in der modernen Küche der heutigen Zeit ihren Platz gefunden haben und als Teil der heimischen Kulinarik nicht mehr wegzudenken sind.

Natürliche Lebensweise und gute Hausmannskost waren früher selbstverständlich. Dieses Kochbuch soll eine Anregung sein, auf Traditionen zurückzugreifen, alte Sterz- und Polentarezepte auszuprobieren und neue Rezepte in die heutige Alltagsküche einfließen zu lassen.

Ich hoffe, dass die von mir gesammelten Rezepte Ihnen als Grundlage dienen, um eigene Ideen zu verwirklichen.

In diesem Sinne wünsche ich Ihnen viel Spaß beim Schmökern in diesem Kochbuch, viel Freude beim Ausprobieren der Rezepte und vor allem einen guten Appetit!

Herbert Paukert
Juli 2010

Einleitung

Der Sterz – es gibt nichts Besseres auf der Welt!

Sterz/Tommerl/Koch

Sterz, Tommerl und Koch sind Speisen, die aus der steirischen Küche nicht wegzudenken sind. Die Zubereitungsarten sind in jeder Region verschieden.

Das Wort „Sterz" bedeutet eigentlich „aufragend". Gemeint sind aus der Form gestürzte Speisen, die vom Teller aufragen.

Wann nun die Bezeichnung Sterz, Tommerl oder Koch zutrifft, lässt sich daher nicht genau definieren – weil auch die Namen für gewisse Speisen regional ebenso unterschiedlich sind wie deren Zubereitung. Hinsichtlich der Zubereitung können wir drei Arten unterscheiden:

Den **Nigel,** auch Schöberl genannt. Diese Bezeichnung hat sich für den in einem Schnellsieder (Stielkasserolle) in Schmalz zubereiteten Sterz eingebürgert.

Den **Ofensterz,** auch Tommerl genannt. Dabei werden Mehl und andere Zutaten kalt angerührt und im Backofen (Rohr) gegart.

Das **Koch,** wie schon das Wort sagt, ist eine gekochte Speise, wobei das Mehl in Milch oder Wasser eingekocht und gerührt wird.

Sterz & Polenta – einst & heute

Die Steiermark war bis vor nicht allzu langer Zeit ein ausgesprochenes Sterzland. Sterze aller Art waren in vielen Gegenden vom Frühstück bis zum Nachtmahl die Hauptgrundlage der bäuerlichen Alltagskost. Rund 70 „sterzige" Variationen aus verschiedenen Getreidearten und mit diversen Zutaten lassen denn auch auf eine flächendeckende Verbreitung schließen.

In indirekte Konkurrenz mit dem alteingesessenen Sterz trat ab dem 18. Jahrhundert der „türkische Sterz" aus Maisgrieß, der zu gesüßtem Kaffee sehr gut schmeckt und auch heute noch gern gegessen wird.

Heute werden verschiedenste Polenta-Gerichte als steirische Spezialität selbst in Nobelrestaurants angeboten. Auf vielen Speisekarten findet man Köstlichkeiten verschiedenster Art, z. B. als Einlage für die Rindsuppe oder als Beilage. Das in den vergangenen Jahrzehnten zwischenzeitlich verschmähte „Arme-Leute-Gericht" mauserte sich wieder zum fast schon exklusiven Schmankerl für Feinschmecker.

In Niederösterreich und in der Steiermark setzte der Maisanbau erst zu Anfang des 18. Jahrhunderts ein.

Ursprünglich wurde Mais nur in Mittelamerika angebaut, jetzt ist er in allen warmen Gebieten Europas, besonders in Rumänien und Italien, aber auch in Süddeutschland und Österreich heimisch.

Die Pflanze wird bis zu 3 m hoch, aus der Blüte entwickeln sich die Kolben mit den zahlreichen, fest aneinandersitzenden Körnern. Es gibt großkörnige Sorten wie den ungarischen Mais und den Donaumais, aber auch kleinkörnige wie italienischen Mais und Perlmais. Der kleine, fünfeckige Cinzunatin der südlichen Alpenländer liefert den besten Mais für Polenta.

Zan an Fuasti a milchets Ko(ch,
Na, für'n Winta tat's as no(ch.
s'Dröschn geat fraili schwa(r,
s'wit da Mogn z'schnell la(r.

Kimt oba da stockat Sta(rz,
Mein, do locht ma's Ha(rz,
A Kruag vull Schilawein –
Af da Welt kann nix besser sein.

Sterz-Gerichte

Häfensterz mit saurer Milch

Häfensterz mit saurer Milch

Zubereitung
1 Das Salzwasser zum Kochen bringen, Mehl hinzufügen, kurz kochen lassen und mit der Gabel umrühren, dann das Wasser abgießen.
2 Butter oder Schmalz erhitzen und darübergießen, nochmals verrühren.

Zutaten für 8 Personen
3 l Wasser
Salz
1 kg Mehl
2–3 EL Butter oder Schmalz

✓ **TIPP**
Mit saurer Milch anrichten.

Sterz (Grundrezept)

Zubereitung
1 Das Mehl (es sollte möglichst grob gemahlen sein) in einer heißen Eisenpfanne „linden" (= anrösten, bis es einen feinen Duft annimmt), salzen und mit siedend heißem Wasser aufgießen (so viel Wasser zugießen, wie das Mehl annimmt – nicht zu viel, denn sonst wird der Sterz patzig).
2 Auf kleiner Flamme zugedeckt weiterdünsten und aufpassen, dass es nicht anbrennt.
3 In der Mitte eine Grube machen und dort bei Bedarf immer wieder Wasser nachgießen, eventuell ein Stück Butter in diese Grube geben.
4 Vor dem Essen gut durchgabeln und eventuell noch etwas Butter unterrühren.

Zutaten
400 g Getreidemehl (alle Sorten, z. B. Weizen-, Roggen-, Buchweizen-, Dinkel- oder Maismehl)
Salz
ca. 1 l heißes Wasser
ca. 50 g Butter

Brennsterz

Zubereitung
1 Das Mehl und Salz in eine Schüssel geben, mit kochendem Salzwasser übergießen und alles rasch durchrühren.
2 Diesen Teig in eine Pfanne in erhitztes Fett geben, etwas anbraten, mit der Schmarrenschaufel zu kleinen Stückchen zerteilen und gut durchrösten.

Zutaten
400 g Roggen- oder dunkles Weizenmehl
1 TL Salz
schwach 1/2 l Wasser
50 g Schmalz

Polentasterz als Beilage

Zutaten
1/2 l Wasser
Salz
170 g Polentamehl
geriebene Muskatnuss
Butter
Petersilie

✓ **TIPP**
Gut schmeckt dazu Milchkaffee!

Zubereitung
1 Das Wasser zum Kochen bringen, salzen und das Polentamehl einrühren, einige Male umrühren und ausdünsten lassen.
2 Mit einem nassem Löffel Nockerln ausstechen (oder den Sterz auf ein Brett streichen, fest werden lassen und in Würfel schneiden).
3 Nockerln (bzw. Würfel) auf ein Backblech legen, mit geriebener Muskatnuss bestreuen, kurz überbacken und mit gehackter Petersilie bestreut als Beilage zu Fleischspeisen anrichten.

Riebel (Maissterz)

Rezept von der Urahn, anno 1879

Zutaten
1/2 l Milch
Salz
50 g Butter
160 g Maisgrieß
Butter zum Braten

✓ **TIPP**
Bei sparsamer Fettzugabe wird der Riebel sehr trocken.

Zubereitung
1 In die kochende Milch Salz und Butter geben, dann den Maisgrieß hinzufügen und rühren, bis sich der Brei von dem Gefäß löst.
2 Den Brei überkühlen lassen, indessen in einer Pfanne Butter erhitzen, den Brei löffelweise in die Pfanne geben und mit zwei Gabeln zerkleinern, gut durchrösten.

Maissterz mit Schwammerln

Zutaten
1/2 l Wasser
1/4 l Obers, 250 g Maisgrieß
1 Zwiebel
1 grüne Paprikaschote
1 EL Butter
100 g Eierschwammerln (oder Champignons oder Steinpilze)
Thymian, Majoran, Petersilie
Salz

Zubereitung
1 Wasser zum Kochen bringen, Obers dazugießen und unter ständigem Rühren Maisgrieß einkochen, dann ca. 8–10 Minuten aufkochen lassen, bis eine Masse entsteht, die beim Anrichten auf dem Teller noch leicht auseinanderfließt.
2 Zwiebel und Paprikaschote klein würfelig, Schwammerln blättrig schneiden und in etwas Butter kurz andünsten, fein gehackte Gewürze und Salz dazugeben.
3 Zuerst den Maisgrieß auf die Teller geben, dann einen Schöpfer Schwammerl-Paprikaschoten-Mischung daraufgeben.

Abbildung gegenüber: Bauernhof in St. Margarethen im Burgenland. (Aus dem Buch: „Das Burgenland" von Hans Retzlaff und Heinrich Kunnert, Verlagshaus Bong & Co, Berlin o. J.)

Polentasterz mit Grammeln

Zutaten
1 l Milch
1 gestrichener EL Salz
100 g Butter (oder Öl)
400 g Polentagrieß
100 g Grammeln
(oder Speckwürfel)

Zubereitung
1 Die gesalzene Milch mit der Butter zum Kochen bringen, den Polenta einkochen und dünsten.
2 Vor dem Anrichten mit der Gabel auflockern und mit angerösteten Grammeln (oder fein geschnittenen Speckwürfeln) auftischen.

Im Friulanischen galt das richtige Polentakochen als Prüfstein für die Kochkunst einer Braut. Und heute heißt es noch in Tirol: Knödl, Nudl, Muas und Plenten (von Polenta) sind die vier Tiroler Elementen.

Sterz aus Getreideschrot

Zutaten
300 g Hafer
50 g Hirse, 50 g Weizen
1/2 TL Salz, 3/4 l Wasser
1/2 TL Zimt, 1 EL Honig
50 g Nüsse, gerieben

✓ **TIPP**
Dazu passen Kompott oder Milch.

Zubereitung
1 Hafer grob, Hirse und Weizen mittelfein schroten. In das kochende Salzwasser den Schrot langsam einlaufen und bei schwacher Hitze ca. 30 Minuten ausdünsten lassen.
2 Dann mit Zimt und Honig würzen und den Sterz mit einer Gabel auflockern.
Anrichten und mit geriebenen Nüssen bestreuen.

„Türken"-Sterz geröstet

Zutaten
250 g Maisgrieß
50 g Fett
1/2 l Wasser
Salz

Zubereitung
Maisgrieß im heißen Fett so lange, rösten, bis er heiß ist. Dann mit kochendem, gesalzenem Wasser aufgießen, zudecken und bei ganz geringer Hitze ca. 20 Minuten quellen lassen, dann mit einer Gabel auflockern.

Polentasterz mit Grammeln

Riebelsterz mit Erdäpfeln
(Rezept aus Vorarlberg)

Zutaten
- 500 g Erdäpfel
- 3/8 l Milch
- 1/8 l Wasser
- Salz
- 180 g Weizengrieß
- 180 g Maisgrieß
- etwas Butterschmalz
- Pfeffer

✓ TIPP
Dazu serviert man am besten Salat oder Suppe. Riebelsterz schmeckt auch ohne Erdäpfel sehr gut.

Zubereitung

1 Erdäpfel in der Schale kochen, abseihen und zugedeckt ziehen lassen.

2 Für den Riebelsterz Milch, Wasser und Salz verrühren und mit 2 EL Butterschmalz in einer Pfanne aufkochen.

3 Weizen- und Maisgrieß mischen und zügig in die heiße Milch einrühren. Unter ständigem Rühren so lange kochen, bis sich der Brei vom Pfannenboden löst.

4 Grießbrei in der Pfanne goldgelb rösten, die sich bildende Kruste immer wieder mit einer Bratenschaufel lösen, größere Klumpen zerteilen. Während des Bratens eventuell noch ein wenig Butterschmalz zugeben.

5 Erdäpfel schälen und auf der groben Seite eines Reibeisens raspeln, in wenig Butterschmalz goldbraun rösten und salzen. Fertigen Riebel und die Erdäpfel vermischen, eventuell noch mit Salz und Pfeffer nachwürzen und anrichten.

Breinsterz

Zutaten
- 300 g Hirse
- 1/2 l Wasser
- 1/2 TL Salz
- 50 g Butter oder Grammelschmalz

Zubereitung

1 Hirse (in manchen Gegenden als „Brein" bezeichnet) in kochendes Salzwasser einrühren und bei schwacher Hitze ausdünsten.

2 Dann heiße Butter oder Grammelschmalz einrühren und den Sterz mit einer Gabel auflockern (zerbröseln).

*I koch enk in der Milch an Brein
und werf' a Stuckert Butter drein
oder i koch dir an Sterz,
sag nur, wie's dir ist umb's Herz.*

Gerstensterz

Zutaten
- 400 g grobes Gerstenmehl
- 3/4 l Wasser
- 1 TL Salz
- 4 EL Öl

Zubereitung

1 Das Mehl bei schwacher Hitze so lange rösten, bis kein Wasserdampf mehr aufsteigt.

2 Unter ständigem Umrühren mit einer Gabel langsam kochendes Salzwasser zugießen, bis lauter kleine Teigklümpchen entstehen.

3 Mit der Gabel das heiße Öl einrühren und den Sterz auf der ausgeschalteten Herdplatte ausdünsten lassen.

Halbsterz

Zubereitung

1 Erdäpfel schälen, vierteln, in einen größeren Topf geben, salzen und so viel Wasser hineingießen, bis die Erdäpfel bedeckt sind, dann das Mehl darübergeben. Das Ganze ohne Umrühren kochen, bis die Erdäpfel weich sind (ca. 30 Minuten). Danach das restliche Wasser vorsichtig abgießen und Erdäpfel und Mehl gut durchmischen.

2 In einer Pfanne Fett erhitzen und mit einem Löffel den Sterz nach und nach ins Fett geben, bis der Pfannenboden bedeckt ist. Löffel immer wieder in heißes Fett tauchen, damit nichts kleben bleibt. Sterz so lange im Fett rösten, bis sich auf der unteren Seite Krusten gebildet haben, dann umdrehen und weiterrösten, eventuell Fett nachgeben.

3 In einer anderen Pfanne in heißem Fett die in Ringe geschnittene Jungzwiebeln rösten und über den Sterz geben.

Zutaten

600 g Erdäpfel
1 EL Salz
Wasser
600 g Mehl
Fett
2 Jungzwiebeln

✓ TIPP
Dazu Milchsuppe oder Salat reichen.

Sauerbrunner Bohnensterz

Zutaten
750 g weiße Bohnen
500 g Weizenmehl
100 g Selchspeck
150 g Schmalz
1–2 Zwiebeln

✓ **TIPP**
Dazu Sauerrahm oder Milch servieren.

Zubereitung

1 Über Nacht eingeweichte Bohnen mit frischem Wasser und Salz weich kochen, wenn die Bohnen fertig gekocht sind, nur so viel Kochwasser abseihen, dass Bohnen und Kochwasser gleich hoch stehen.

2 Inzwischen das Mehl trocken erhitzen (linden), die Bohnen samt Kochwasser dazugießen und langsam weiterkochen, wobei man anfangs öfter das Mehl durchstechen soll, damit das Bohnenwasser nach und nach das trockene Mehl durchdringt. Schließlich muss das Ganze klumpig sein, darf aber nicht patzig werden.

3 Kleinwürfelig geschnittenen Selchspeck in Schmalz hell rösten, die Bohnen-Mehl-Masse darüber verteilen und bei geringer Hitze unter öfterem Durchschaufeln und Zerstechen zugedeckt ausdünsten lassen (teilweise auch Krusten bilden lassen).

4 Den Sterz locker gehäuft mit in Fett gerösteten Zwiebelringen anrichten.

Erdäpfelsterz

Zutaten
1/2 kg Erdäpfel
120 g Mehl (Weizenmehl)
120 g Butterschmalz
1/8 l Milch
Salz
Butter zum Beträufeln

Zubereitung

1 Gekochte, geschälte Erdäpfel heiß mit dem Stampfer zerkleinern oder mit einer Gabel zerdrücken und salzen, mit dem Mehl zu einer bröseligen, lockeren Masse vermischen.

2 In einer Pfanne Butterschmalz erhitzen, die Erdäpfelmasse hineingeben und bei guter Hitze unter öfterem Auflockern im Backrohr ca. 30 Minuten backen.

3 Heiße Milch darübergießen und weiterbacken, bis keine Flüssigkeit mehr zu sehen ist, nochmals durchlockern, mit heißer Butter beträufeln und noch kurz durchziehen lassen.

Topfensterz

Zutaten
300 g Weizenmehl oder dunkles Mehl
300 g Topfen
Salz
3 EL Schmalz oder Öl

Zubereitung

Das Mehl mit dem Topfen gut abbröseln, salzen und ungefähr 10 Minuten stehen lassen. Dann die Mehl-Topfen-Mischung linden (= trocken erhitzen), bis die Mischung hellgelb wird, reichlich Schmalz dazugeben und so lange rösten, bis der Sterz bröselig ist.

Topfensterz

Bettlersterz I

Zutaten
250 g Mehl
1/4 l Wasser
Salz
50 g Fett
400 g gekochte Erdäpfel

Zubereitung
1 Aus Mehl, Wasser, Salz und Fett einen Brennsterz herstellen (siehe S. 11).
2 Die Erdäpfel schälen und blättrig schneiden, Erdäpfelscheiben unter den Brennsterz mischen und beides gut durchrösten.

Bettlersterz II

Zutaten
350 g Erdäpfel
200 g Mehl
Salz
2 Eier
1/8 l Milch

Zubereitung
Die gekochten, geschälten und blättrig geschnittenen Erdäpfel in eine Pfanne geben, darüber den Teig aus Mehl, Salz, Eiern und Milch schütten, alles miteinander gut durchrösten.

Holzknechtsterz

Zutaten
800 g mehlige Erdäpfel
150 g Fett
200 g Weizenmehl
200 g Dinkelvollmehl
3/8 l Wasser
1 TL Salz

Zubereitung
1 Die Erdäpfel schälen, in 1/2 cm dicke Scheiben schneiden, in einer Pfanne im heißen Fett halb durchbacken.
2 Mehl, Wasser und Salz zu einem weichen Nockerlteig verrühren, über die Erdäpfelscheiben geben, einige Minuten zugedeckt dünsten lassen und dann mit einer Schmarrenschaufel den Sterz ca. 15 Minuten zerstoßen, bis er fein bröselig ist.

TIPP
Dazu serviert man Milchsuppe.

Schwammerlsterz

Zutaten
500 g Eierschwammerln
1 EL Butter
4 EL Grieß
1/2 l Milch, Salz

Zubereitung
Geputzte und gewaschene Eierschwammerl zerkleinern und in Butter halbweich dünsten. Den Grieß untermengen. Mit Milch aufgießen, salzen und im Rohr fertig dünsten.

Gersten-Bohnen-Sterz

Zutaten
200 g Bohnen
1 l Wasser
1 Lorbeerblatt
1/2 TL Bohnenkraut
200 g grobes Gerstenmehl
1 TL Salz
4 EL Öl

Zubereitung
1 Die Bohnen über Nacht einweichen, dann in 1 l Wasser mit den Gewürzen gar kochen und zerstampfen.
2 Das Gerstenmehl trocken kurz rösten und mit einer Gabel ins Bohnenmus einrühren, den Sterz salzen, mit Öl vermengen und noch 15 Minuten ausdünsten.

✓ **TIPP**
Dazu schmecken Sauerkraut, Salate oder auch Milch.

Grießsterz

Zutaten
400 g Weizengrieß
3/4 l Wasser
1 TL Salz
50 g Schweineschmalz

Zubereitung
Den Grieß trocken rösten, mit Wasser aufgießen, Salz und Fett dazugeben und bei schwacher Hitze auf der Herdplatte oder im Backrohr bei 180 °C ausdünsten lassen, mit der Gabel zerkrümeln.

✓ **TIPP**
Dazu kann man Milch oder Kaffee,
aber auch Schwammerl- oder Zwetschkensauce essen.

Steirischer Schwammerlsterz

Zubereitung

1 Milch in einem Topf aufkochen, Grieß einrühren, einmal aufkochen und danach zugedeckt auskühlen lassen, Eier in den ausgekühlten Weizengrieß einrühren.

2 Die Eierschwammerln putzen, größere Schwammerln vierteln, kleinere halbieren. Die Zwiebel putzen und fein schneiden.

3 Butterschmalz in einer Bratpfanne erhitzen, klein geschnittene Zwiebel und geputzte, in mundgerechte Stücke geschnittene Schwammerln darin kurz anrösten.

4 Danach die Grießmasse zugeben und gut durchrösten, mit Salz und Pfeffer würzen, abschmecken und vor dem Servieren mit Petersilie bestreuen.

Zutaten

1/4 l Milch
100 g Weizengrieß
2 Eier
1 EL Butterschmalz
400 g Eierschwammerln
1/2 Zwiebel
Salz und Pfeffer
1 EL Petersilie, fein geschnitten

Heiden(Buchweizen)sterz

Zutaten
400 g grobes Heidenmehl
1/2 l Wasser
1 TL Salz
50 g Butter (oder 4 EL Öl)

✓ **TIPP**
Wenn das Heidenmehl sehr fein gemahlen ist, nimmt man ungefähr 1/8 l Wasser weniger.

Zubereitung

1 Das Heidenmehl bei schwacher Hitze so lange rösten, bis kein Wasserdampf mehr aufsteigt. In einem Topf das Salzwasser zum Sieden bringen, das Mehl auf einmal dazuschütten und kurz überkochen lassen.

2 Den Sterz mit der Gabel auflockern und auf der ausgeschalteten Herdplatte noch 10 Minuten ausdünsten lassen.

3 Vor dem Anrichten kann man den Sterz mit geschmolzener Butter oder heißem Öl übergießen.

Heidensterz II

Zutaten
300 g Heidenmehl
1 1/2 l Wasser
1/2 TL Salz
100 g Speck (oder 50 g Schweineschmalz und 50 g Grammeln)

Zubereitung

1 Das Heidenmehl in kochendes Salzwasser schütten, aber nicht umrühren. Es bildet sich ein Knödel, den man ca. 10 Minuten kochen lässt. Dann in der Mitte mit dem Kochlöffelstiel ein Loch machen und den Mehlklumpen noch weitere 10 Minuten kochen lassen.

2 Das überflüssige Wasser abschütten, den Knödel mit einer Gabel fein zerkrümeln und den gerösteten Speck (oder heißes Fett und Grammeln) darübergeben.

Steirischer Grießsterz

Zubereitung

1 Den Grieß in Schweineschmalz rösten, salzen, mit Milch aufgießen und einige Minuten quellen lassen.
2 Danach im Backofen bei 160 °C etwa 20 Minuten fertig backen (in einer feuerfesten Form).
2 Den Speck in Würfel schneiden, in einer Pfanne anbraten und unter den fertigen Grießsterz rühren. Auf einem Teller gefällig anrichten.

✓ **TIPP**
Dazu passt grüner Salat sehr gut.

Zutaten
500 g Weizengrieß
150 g Schweineschmalz
Salz
150 ml Milch
200 g Bauchspeck
Salat

Süße Sterze

Topfenriebel

Süßer Polentasterz

Zubereitung

1 Milch mit Vanilleschote (der Länge nach halbiert), der halben Menge des Zuckers und etwas Salz aufkochen lassen, Maisgrieß einrühren, dick verkochen und erkalten lassen.

2 Handwarme Butter mit der Zitronenschale sehr schaumig rühren, nach und nach die Eidotter beifügen und schaumig rühren, die Eiklar mit dem restlichen Zucker zu steifem Schnee schlagen.

3 Die Vanilleschote aus der Polentamasse nehmen, den Eidotterabtrieb zusammen mit den mit Rum beträufelten Rosinen und dem Eischnee unter die Polentamasse heben und alles in eine mit Backpapier ausgelegte Backform füllen, im auf 180 °C vorgeheizten Backrohr etwa 50 Minuten lang backen, danach in der Form erkalten lassen, erst dann aus der Form stürzen und das Papier abziehen.

4 Vor dem Servieren den Polentasterz in unregelmäßige Stücke schneiden und mit Kompottäpfeln und Minzeblättchen garnieren, zuletzt mit Staubzucker bestreuen.

Zutaten

3/4 l Milch
1 Vanilleschote
100 g Kristallzucker
1 Prise Salz
250 g Maisgrieß
80 g Butter
geriebene Schale von 1 Zitrone
4 Eier
80 g Rosinen
1 kleines Stamperl Rum

Backpapier für die Form
Minzeblättchen und Kompottäpfel zum Garnieren
Staubzucker zum Bestreuen

Bagersterz

Zutaten
500 g Weizengrieß
1 Prise Salz
150 g Schmalz
150 g Rosinen
ca. 3/4 l Milch
Zucker

Zubereitung
1 Gesalzenen Weizengrieß in heißem Schmalz gelb anlaufen lassen, die Rosinen dazustreuen und so viel kochende Milch dazugießen, dass der Grieß aufquellen kann.
2 Dann die Masse mit einer Gabel zu sterzartigen Brocken zerreißen und im Rohr überbacken.

Dieser Sterz galt früher als traditionelles Hochzeitsessen. Jeder, der beim Hochzeitshaus vorbeikam, wurde mit diesem Sterz bewirtet. Selbst im Hut und in der Schürze trug man ihn nach Hause, um die ganze Familie an der Kraft dieser Kultspeise teilhaben zu lassen.

Polentatommerl

Zubereitung

1 In Wasser oder Milch den Maisgrieß mit dem Ei und Salz versprudeln und mehrere Stunden stehen lassen.

2 Eine Form mit Öl ausstreichen, in Stücke geschnittene Früchte (z. B. Äpfel, Zwetschken, Kirschen, andere Früchte) oder Ribisel, Heidelbeeren, Himbeeren hineingeben, den Teig darübergießen und die Speise im Rohr backen lassen.

3 Vor dem Anrichten den Tommerl aus der Form auf einen Teller oder eine Platte stürzen und mit Staubzucker bestreuen.

Zutaten

750 ml Wasser oder Milch
300 g Maisgrieß
1 Ei
Salz
50 g Öl
1 kg Früchte oder Beeren nach Belieben
50 g Staubzucker

Suppen, Suppeneinlagen & Beilagen

Mais-Safran-Suppe

Mais-Safran-Suppe

Zubereitung
1 Die Schalotte in feine Würfelchen schneiden, in einem geeigneten Topf in wenig heißer Butter mit dem Safranpulver anschwitzen lassen, den Maisgrieß zugeben und kurz erhitzen.
2 Wasser zugeben, aufkochen und bei geringer Hitze etwa 15 Minuten leicht kochen lassen.
3 Den Zucchino in feine Würfel schneiden und diese kurz vor dem Servieren in die Suppe geben.
4 Die Suppe mit den Gewürzen abschmecken, in vorgewärmten Tellern mit den Kerbelblättchen anrichten.

Zutaten
1 Schalotte
Butter
1 Briefchen Safranpulver
750 g Maisgrieß
1 1/4 l Wasser
1 Zucchino
Salz und Pfeffer
Muskatnuss
einige Kerbelblättchen

Schweizer Mais-Milch-Suppe

Zubereitung
1 Den Maisgrieß mit lauwarmer Milch übergießen und 15 Minuten ruhen lassen, danach gut umrühren. Die Suppe erhitzen, den gequollenen Mais mit dem Schneebesen einrühren und 30 Minuten köcheln lassen.
2 Die Suppe mit Salz und weißem Pfeffer abschmecken und mit geriebenem Käse bestreut servieren.

Zutaten
80 g Maisgrieß
1/4 l Milch
3/4 l Rindsuppe
Salz und weißer Pfeffer
3 EL geriebener würziger Hartkäse

Maissuppe

Zubereitung
1 Die Maiskörner mit einem scharfen Messer rundum von den Kolben abschneiden (oder aus der Dose gießen). Die Hälfte davon mit dem Mixstab pürieren, die andere Hälfte nur mit einer Gabel grob zerdrücken.
2 Die Suppe erhitzen, den pürierten und zerdrückten Mais einrühren und so lange dämpfen, bis die Körner weich sind und bis das Püree möglichst viel Geschmack an die Suppe abgegeben hat.
3 Mit Milch aufgießen, mit Salz und weißem Pfeffer würzen, dann mit Maisstärke (oder Obers) und Eidottern legieren.

Zutaten
300 g Süßmais
1/2 l Rindsuppe
3/8 l Milch
Salz und Pfeffer
1 1/2 EL Maisstärke in ein wenig Milch aufgelöst (oder 1/8 l Obers)
3 Eidotter

✓ TIPP
Wenn die Zeit der ganz jungen Maiskolben gekommen ist, kann nach dem obigen Prinzip ebenfalls eine vorzügliche Suppe hergestellt werden. Die zarten Spitzen vom Babymais in dünne Scheiben schneiden, vorerst beiseitelegen. Die gröberen Teile der Bouillon weich kochen, mit dem Mixstab pürieren, die Suppe wieder erhitzen und darin die Babymais-Rädchen dämpfen. Zum Schluss Milch dazugießen, würzen und wie eben beschrieben legieren.

Polentaknöderlsuppe

Zutaten
40 g Speck
1/8 l Milch
100 g Maisgrieß
1 Ei
Salz
1 l Rindsuppe

Zubereitung

1 Den Speck kleinwürfelig schneiden und goldgelb rösten, mit Milch aufgießen und aufkochen lassen.

2 Den Maisgrieß beifügen und unter stetigem Rühren so lange kochen, bis sich der Grieß von Löffel und Geschirr löst.

3 Vom Herd nehmen, erkalten lassen, mit Ei und Salz gut vermengen und kleine Knödel formen (sollten sich die Knödel nicht formen lassen, 1–2 Löffel heißes Wasser in die Masse geben).

4 Die Polentaknödel in leicht kochendem Salzwasser 5 Minuten zugedeckt kochen lassen, unmittelbar vor dem Servieren in die heiße Rindsuppe geben.

Sterzsuppe mit Lauch

Zubereitung
Butter in einem Kochtopf zerlassen, den fein geschnittenen Lauch darin anschwitzen.
Sterzmehl dazugeben und mit dem Gemüsefond aufgießen, auf kleiner Flamme ca. 30 Minuten köcheln lassen, öfters umrühren.
Zum Schluss Obers dazugeben und abschmecken.

Zutaten für 2 Personen
1 EL Butter
1 Stange Lauch
40 g Sterzmehl
1/2 l Gemüsesuppe
1/8 l Obers

*Bin a lustiger Pua
is da Kaisa mei Hearr
und hiatz friss i dem Pau'r
ka Plentnmehl mear.*

Polentanockerln

Zutaten
250 g Polentamehl
3/4 l Wasser
Salz
1 EL Butter

Zubereitung
Polentamehl in kochendes Salzwasser geben und auf kleiner Flamme langsam (ca. 30 Minuten) ziehen lassen. Die Masse mit Butter aufschlagen und zu Nockerln formen, solange sie noch ziemlich feucht ist.

✓ TIPP
Diese Nockerln kann man als Beilage zu verschiedenen Gerichten servieren (z. B. zu Ragouts oder anderen Fleischspeisen).

Woazschnitten* (Polentaschnitten)

Zutaten
1 1/4 l Wasser
etwas Salz
250 g Maisgrieß
Butter

Zubereitung

1 Das Salzwasser zum Kochen bringen und unter ständigem Rühren den Maisgrieß einlaufen lassen, bei mäßiger Hitze und unter weiterem Rühren den Maisgrieß dick verkochen lassen.

2 Brei vom Herd nehmen und zugedeckt etwas überkühlen lassen, dann auf ein feuchtes Brett stürzen, mit nassen Händen zu einer Rolle formen und diese gänzlich erkalten lassen, dann in Scheiben schneiden (oder auf dem Brett 2 cm dick aufstreichen, erkalten lassen und in Vierecke/Dreiecke schneiden).

3 Scheiben (oder Vierecke/Dreiecke) kurz in heißer Butter bräunen und sofort servieren.

✓ TIPP
Passt gut als Beilage zu Fleischgerichten, Hendl, Wildgerichten oder Bratwürsten. Als Hauptgericht mit reichlich geriebenem Parmesan und Paradeisersauce servieren.
Man kann die Hälfte des Maismehls auch durch Grieß ersetzen, die Schnitten zuckern und dazu Kompott essen.

* „Woaz" ist in einigen Regionen Österreichs die Dialektbezeichnung für Mais.

Polentascheibchen

Zubereitung
1 Die Milch und die Hühnersuppe aufkochen lassen, den Maisgrieß langsam einrühren und mindestens 5–7 Minuten köcheln lassen, danach mit Salz und Pfeffer würzen und die Butter zugeben, von der Kochstelle nehmen und die Masse auskühlen lassen.
2 Maizena in die Masse rühren, das Ei zugeben und mit einem Kochlöffel gut vermengen.
3 Aus der Polentamasse eine Rolle formen und diese mit einem Messer oder einer Palette in ca. 20 Scheibchen schneiden.
4 In einer Pfanne das Öl erhitzen, die Scheibchen darin beidseitig anbraten und danach im Backrohr fertig backen.

Zutaten für ca. 20 Stück
1/8 l Milch
1/8 l Hühnersuppe
120 g Maisgrieß
Salz und Pfeffer aus der Mühle
30 g Butter
1 EL Maizena
1 Ei
Öl zum Braten

✓ TIPP
Polentascheibchen können als Beilage, aber auch als kleines Gericht mit Paradeisersauce, Spinat oder Salat serviert werden.

Pikante Polentagerichte (Hauptspeisen)

Pikante Sterzecken

Pikante Sterzecken
mit Bauernschinken

Zubereitung
1 Das Sterzmehl in das kochende Wasser einlaufen lassen, köcheln und danach ausdünsten lassen.
2 Die überkühlte Polenta auf ein befettetes Backblech streichen.
3 Für den Belag gehackte Zwiebel, Petersilie und klein geschnittene Eierschwammerln vermengen, den fein geschnittenen Schinken und das versprudelte Ei beigeben, mit Salz, Pfeffer und Senf abschmecken und auf die Sterzmasse streichen.
4 Im Backrohr ca. 30 Minuten bei 180 °C backen, danach in Ecken schneiden, mit einem Klecks Sauerrahm versehen und mit Salat servieren.

Zutaten
250 g Sterzmehl
1/2 l Wasser
Salz

1 Zwiebel
Petersilie
200 g Eierschwammerln
500 g Bauernschinken
1 Ei
Salz und Pfeffer
Senf

Sauerrahm zum Garnieren

Überbackene Polenta

Zubereitung
1 Wasser mit Butter, Kräutersalz und gemahlenem Koriander aufkochen, Polentamehl einkochen und ausquellen lassen.
2 Polentamasse auf ein befettetes Backblech ca. 1 1/2–2 cm dick aufstreichen.
3 Die Zwiebeln hacken und ohne Fett rösten, Bergkäse grob reiben und beides gleichmäßig auf der Polentamasse verteilen.
Im Backrohr bei starker Oberhitze auf der oberen Schiene goldbraun backen, in Schnitten schneiden und so servieren.

Zutaten
1 l Wasser
2 EL Butter
Kräutersalz
1 TL gemahlener Koriander
250 g Polentamehl
2 mittelgroße Zwiebeln
300 g Bergkäse oder Emmentaler

Pfannküchlein
mit Maiskörnern und Pilzen

Zubereitung
1 Ei und Salz verquirlen, Mehl und so viel Milch hinzufügen, dass ein dicker Palatschinkenteig entsteht.
2 Die Schwammerln oder Pilze in feine Streifen schneiden und in wenig heißem Öl anbraten, mit Salz, Pfeffer, Thymian und Majoran abschmecken.
3 Die abgeseihten Maiskörner und die angerösteten Pilze in den Teig einrühren, Öl erhitzen und mit dem Löffel den Teig als kleine Küchlein in die Pfanne geben, diese beidseitig goldgelb backen.
4 Die fertigen Küchlein sofort mit gedünstetem Gemüse oder Salat servieren.

Zutaten
1 Ei
Salz
ca. 150 g Mehl
etwa 1/2 l Milch
100 g Schwammerln oder Pilze nach Belieben
Öl zum Anbraten und Ausbacken
1 Dose Maiskörner
Salz und Pfeffer
Thymian und Majoran

Polentascheiben
mit Schinken

Zutaten	Zubereitung
1 l Wasser 2 EL Butter Salz 250 g Polentamehl etwas Paprikapulver 4 dünne Scheiben Schinken 2 Eier 150 g Semmelbrösel Öl zum Ausbacken	**1** Wasser mit Butter und Salz aufkochen, Polentamehl einkochen und ausquellen lassen. **2** Aus der ausgekühlten Masse mit einem runden Keksausstecher 8 Scheiben ausstechen, diese mit Paprika überpudern. **3** Auf 4 Polentascheiben je eine Scheibe Schinken legen, die übrigen 4 Polentascheiben darauflegen und gut zusammendrücken. **4** Polentascheiben in verquirlten Eiern und Semmelbröseln wenden und in heißem Öl von beiden Seiten goldbraun braten.

Gemüse
im Maisgrießring

Zubereitung
1 Wasser mit Butter, wenig Salz, Pfeffer und geriebener Muskatnuss aufkochen, den Maisgrieß unter Rühren in die kochende Flüssigkeit geben, bei geringer Hitze etwa 20 Minuten ausquellen lassen.
2 Vier kleine Savarinringe (Ringformen) mit wenig Butter einfetten, die Maisgrießmasse einfüllen und darin erkalten lassen.
3 Die Maisgrießringe im Backrohr bei 175 °C etwa 12 Minuten garen.
4 Den Mangold putzen, in Rauten schneiden, blanchieren, abschrecken und abtropfen lassen, Gurke in Streifen schneiden, dann beides mit der klein geschnittenen Zwiebel in wenig Butter erhitzen, abschmecken, zuletzt die würfelig geschnittenen Paradeiser zugeben und 1 EL nicht zu kalte Butter einrühren.
5 Den Maisgrießring auf vorgewärmte Teller stürzen und das Gemüse darin anrichten.

Zutaten
1 l Wasser
1 EL Butter
Salz und Pfeffer
Muskatnuss
150 g Maisgrieß
2 EL Butter
300 g Mangold
1 Zwiebel
1 kleine Salatgurke
4 Paradeiser

Polenta mit Kastanien und Speck

Zutaten
1/2 l Rindsuppe oder Wasser
200 g Maisgrieß
Muskat, Salz und Pfeffer
2 EL Butterschmalz

150 g Kastanien, gekocht, geschält und grob gehackt
150 g Schinkenspeck, in feine Streifen geschnitten
Butter zum Rösten
2 EL Schnittlauchröllchen

Zubereitung

1 Rindsuppe in einem geeigneten Topf zum Kochen bringen, Maisgrieß langsam einrieseln lassen und mit einem Schneebesen glatt rühren.

2 Mit Muskat, Salz und Pfeffer würzen und zugedeckt 10 Minuten ziehen lassen, Butterschmalz einrühren und abschmecken.

3 Für die Garnitur ein bisschen von diesem Maisgrießbrei in 4 Kreisen ca. 1 cm dick auf ein Backblech streichen **(Bild)**, im vorgeheizten Backrohr ca. 10 Minuten überbacken.

4 In einer Pfanne Kastanien und Speck in heißer Butter kurz rösten.

5 Restliche Polenta mit Hilfe runder Formen auf Tellern anrichten, mit Kastanien und Speck garnieren, die knusprig gebackenen Polentakreise dazu anrichten und mit Schnittlauch bestreut servieren.

Polentascheiben auf Spinat

Zutaten
140 g Polentagrieß
250 ml Milch
Salz, 2 EL Butter
Muskat, Pfeffer
1 Ei

80 g Semmelbrösel zum Wenden
2 EL Öl zum Braten

Spinat
600 g Blattspinat
2 Knoblauchzehen
1 Zwiebel, 1 EL Öl
200 ml Gemüsesuppe

Zubereitung

1 Milch, eine Prise Salz und Butter zum Kochen bringen. Die Polenta einrühren und so lange rühren, bis ein Kloß entsteht, Polenta mit Muskat und Pfeffer würzen.

2 Ei unterrühren, Masse auf einem Arbeitsbrett auskühlen lassen.

3 Aus der erkalteten Polenta eine Rolle formen und in Scheiben schneiden. In Brösel wälzen und in einer Pfanne in heißem Öl goldgelb backen. Anschließend warm stellen.

4 Spinatblätter sorgfältig verlesen, die harten Stiele abschneiden und unter fließendem kaltem Wasser gründlich waschen.

5 Knoblauchzehen schälen und durch die Presse drücken, Zwiebel schälen und fein hacken, in einer Pfanne in heißem Öl anrösten, Knoblauch hinzufügen, Spinat dazugeben und kurz dünsten. Mit Gemüsesuppe aufgießen und 5 Minuten leicht köcheln lassen. Polentascheiben mit Spinat anrichten.

Polenta mit Kastanien und Speck

Maisschmarren
mit Bohnengemüse

Zutaten

Maisschmarren
1/2 l Gemüsesuppe
Salz
30 g Butter
200 g Maisgrieß
1 frischer Maiskolben
Butter für das Backblech
6 EL Olivenöl

Bohnengemüse
100 g getrocknete rote Bohnen
1/4 l Wasser
1 Zweig frischer Rosmarin
1 Knoblauchzehe
200 g Frühlingszwiebeln
2 grüne Paprikaschoten
400 g Paradeiser
1 EL Öl
Salz und weißer Pfeffer
100 g Sauerrahm
1 Bund Basilikum, grob geschnitten

Zubereitung

1 Für das Gemüse die Bohnen mit dem Wasser übergießen und zugedeckt etwa 8 Stunden einweichen, dann mit dem Einweichwasser, dem Rosmarin und dem Knoblauch aufkochen und zugedeckt bei schwacher Hitze 1–1 1/2 Stunden nicht ganz weich garen, danach abseihen.

2 Für den Maisschmarren die Suppe mit Salz und Butter zum Kochen bringen, den Maisgrieß unter Rühren langsam dazugeben und aufkochen, zugedeckt bei schwacher Hitze etwa 45 Minuten ausquellen lassen, bis sich der Brei vom Topfboden löst.

3 Den Maiskolben von den Hüllblättern und den grünen Fäden befreien und waschen, die Maiskörner mit einem scharfen Messer vom Kolben abschneiden und unter den Brei rühren.

4 Den Brei auf ein gefettetes Backblech streichen und fest werden lassen.

5 Inzwischen die Frühlingszwiebeln putzen, waschen und in etwa fingerdicke Scheiben schneiden (auch die grünen Blätter), die Paprikaschoten vierteln, putzen, waschen und in Streifen schneiden, die Paradeiser schälen und würfeln, dabei die Stielansätze herausschneiden.

6 Öl in einem Topf erhitzen, die Frühlingszwiebeln und die Paprikaschoten darin bei mittlerer Hitze anbraten, die Paradeiser und die Bohnen dazugeben (Rosmarin und Knoblauch vorher entfernen) und aufkochen, bis das Gemüse heiß ist, mit Salz und Pfeffer abschmecken.

7 Für den Schmarren den Grießbrei in 2–3 Portionen teilen, 2 EL Öl in einer großen Pfanne erhitzen, die erste Portion Maisbrei darin glatt streichen und bei mittlerer bis schwacher Hitze 5 Minuten an der Unterseite braten, die Masse mit zwei Gabeln in mundgerechte Stücke teilen und diese bei mittlerer bis starker Hitze unter häufigem Wenden etwa 10 Minuten goldbraun und knusprig braten, den Schmarren aus der Pfanne geben und zugedeckt warm halten.

8 Mit dem restlichen Brei ebenso verfahren.

9 Den Maisschmarren auf Tellern verteilen, jeweils einen Klecks Sauerrahm daraufsetzen und mit dem Basilikum bestreuen, das Gemüse daneben anrichten.

Gebratene Maisrösti

Zubereitung

1 Maiskörner mit fein gehackter, in heißem Öl angerösteter Zwiebel und allen anderen Zutaten gut vermengen und daraus Laibchen formen.

2 Diese in heißem Öl goldbraun ausbacken, danach gut abtropfen lassen.

✓ TIPP
Vorsicht beim Herausbacken: Wenn das Öl zu heiß ist oder wenn die Laibchen zu lange im heißen Öl braten, können die Maiskörner „explodieren". Daher die Pfanne mit einem Spritzgitter oder einem Deckel abdecken!

Zutaten
200 g Maiskörner aus der Dose
1 Zwiebel
Öl zum Anbraten und Ausbacken
2 Eier
4 EL Mehl
1 Knoblauchzehe
Majoran
Salz und Pfeffer
Petersilie, gehackt

Polenta-Kürbis-Kuchen pikant

Zutaten
1 kg Kürbisfleisch
500 ml Milch
80 g feinen Polentagrieß
60 g kernlose Rosinen
Salz, 1 Esslöffel Zucker
9 Eier
Butter und Mehl für die Form
60 g geriebener Käse
Kräuter zum Garnieren

Zubereitung

1 Das Kürbisfleisch in Würfel schneiden, diese in einem Topf mit der Milch gar kochen.

2 Zum gegarten Kürbisfleisch den Polentagrieß dazuschütten und unter Umrühren 10-15 Minuten lang kochen. Diese Masse durch ein Sieb passieren.

3 In den so erhaltenen Brei die Rosinen und die mit Salz und Zucker verrührten Eidotter hinzugeben und umrühren. Die Eiklar zu steifem Schnee schlagen und unter den ausgekühlten Brei heben.

4 DDen fertigen Brei in einer eingefetteten und mit Mehl bestaubten Form verteilen, mit geriebenem Käse bestreuen, mit zerlassener Butter beträufeln und bei 180 °C 20 Minuten backen.

5 Vor dem Servieren den Kuchen aus der Form nehmen und mit beliebigen Kräutern garnieren.

✓ **TIPP**
Die Kürbiswürfel zugedeckt bei schwacher Hitze gar kochen. Den Polentagrieß in einem dünnen Strahl allmählich und unter ständigem Umrühren zur Milch mit den Kürbiswürfeln dazugießen, damit sich keine Klümpchen bilden.

Polentagratin

Zutaten für 4 Portionen
1 Zwiebel
1 1/2 l Rindsuppe
300 g Maisgrieß

Belag
250 g gekochter Schinken und Wurst
1/2 Jungzwiebel
4 Kirschparadeiser
2 TL Butter
Salz und Pfeffer aus der Mühle
Basilikum zum Bestreuen
4 EL Crème fraîche

1 Obstkuchenform
(26 cm Durchmesser)
Butter zum Ausstreichen

Zubereitung

1 Die Zwiebel fein schneiden, in einer Kasserolle die Butter schmelzen und die Zwiebel darin glacieren, ohne Farbe nehmen zu lassen.

2 Mit Suppe aufgießen, zum Kochen bringen und das Maismehl einrühren, langsam 10 Minuten kochen, danach zugedeckt weitere 20 Minuten ziehen lassen (Bild 1), anschließend die Polentamasse auskühlen lassen.

3 Den Schinken und die Wurst in feine Streifen schneiden, die Jungzwiebel putzen und in kleine Stücke schneiden, die Kirschparadeiser in Spalten schneiden.

4 Die Polentamasse in eine mit Butter ausgestrichene und kalt gestellte Obstkuchenform füllen, den Rand etwas höher andrücken.

5 Die vorbereiteten Zutaten auf die Polentamasse geben (Bild 2) und mit Salz, Pfeffer und Basilikum würzen, die Crème fraîche darauf verteilen und im auf 180 °C vorgeheizten Backrohr 20 Minuten backen.

6 Danach das Polentagratin herausnehmen und noch heiß in Stücke teilen, auf vorgewärmten Tellern mit frischem Salat servieren.

✓ **TIPP**
Nach Belieben kann das Polentagratin zusätzlich
auch mit würzigem Käse belegt werden.

Polenta und Fricka
(Holzhackerkost aus dem Gailtal)

Zutaten
1 l Wasser
1 TL Salz
250 g Maisgrieß
2 EL Weizenmehl

100 g Salzspeck
100 g Emmentaler Käse
2–3 Eier

Zubereitung
1 Salzwasser zum Kochen bringen, Maisgrieß und Mehl hinzufügen und unter ständigem Rühren auf kleiner Flamme ca. 10 Minuten kochen, wenn sich die Masse vom Topfrand löst, auf einen befeuchteten Teller stürzen.

2 Salzspeck und Käse würfelig schneiden, in eine Pfanne geben und erhitzen. Wenn der Speck glasig ist und der Käse schmilzt, die Eier daraufschlagen, alles kurz anbraten und dann rasch anrichten, die gestürzte Polenta und heiße Milch dazu reichen.

Polentarhomben
mit Pilz-Käse-Sauce

Zutaten
Polenta
1 l Wasser
Salz
350 g Maisgrieß
Öl

Sauce
40 g getrocknete Herrenpilze
1/4 l Weißwein
150 g Raclette-Käse
Thymian
Pfeffer
125 g Crème fraîche
2 EL Sherry

Garnitur
2 große Zwiebeln
2 EL Butter und 1 EL Öl
Salz
etwas Petersilie zum Garnieren

Zubereitung
1 Für die Polenta Wasser mit ausreichend Salz zum Kochen bringen, den Maisgrieß eingießen, gut durchrühren und die Hitze reduzieren, so dass die Masse erst schwach köchelt und dann, wenn die Flüssigkeit aufgesogen ist, dampft (das dauert knapp 40 Minuten), währenddessen immer kräftig durchrühren.

2 Die fertige Polenta daumendick auf befettete Alufolie streichen, Oberfläche glätten, fest werden lassen.

3 In der Zwischenzeit für die Sauce die getrockneten Pilze 15 Minuten in Wein einweichen, anschließend darin 15 Minuten kochen.

4 Käse von der Rinde befreien und in kleine Würfel schneiden, dann zum Wein geben und auf der warmen Platte so lange rühren, bis der Käse vollständig geschmolzen ist, etwas Thymian und Pfeffer zugeben, dann die Creme fraîche, eventuell etwas salzen, zuletzt den Sherry einrühren.

5 Die Zwiebeln in je 8 Spalten teilen und diese in Butter mit ein wenig Öl beidseitig etwa 4 Minuten glasig bzw. zart goldbraun braten und kurz vor Ende der Bratzeit salzen.

6 Ausgekühlte Polenta in Rhomben schneiden und diese auf Tellern anrichten, Sauce und Zwiebeln zu den Polentarhomben reichen.

Gegrillte Bohnenpolenta

Zubereitung

1 Wasser mit Salz aufkochen, Polenta einrühren, Hitze reduzieren und 20 Minuten köcheln, immer wieder umrühren.

2 Mais und Bohnen abseihen, mit dem Parmesan unter die Masse rühren.

3 Die klein geschnittenen Zucchini, Paprika- und Chilischoten in heißem Öl mit gehackter Zwiebel etwas anrösten.

4 Polenta-Bohnen-Masse daumendick auf ein mit Olivenöl gefettetes Blech streichen, die Gemüse-Mischung darauf verteilen, erkalten lassen und in Rauten schneiden.

5 Polenta-Rauten grillen oder in der Pfanne braten.

Zutaten

1 1/4 l Wasser
1 TL Salz
350 g Maisgrieß
200 g Mais aus der Dose
200 g rote Bohnen aus der Dose
50 g Parmesan, frisch gerieben
100 g Zucchini
100 g Paprika- und Chilischoten
Öl zum Anrösten
1 kleine Zwiebel
2 EL Olivenöl

Gegrillte Hendlhaxen
mit Polentatalern

Zutaten für 2 Portionen
2 Hendlhaxen
Salz und Pfeffer

Polentataler
1 EL Butter
1 Schalotte
1/16 l Milch
400 ml Hühersuppe
Salz und Pfeffer
etwas Muskatnuss, gemahlen
100 g Maisgrieß
etwas Olivenöl

2 Rosmarinzweige zum Garnieren

Zubereitung

1 Das untere Knochenende der Hendlhaxen zuputzen und die Haut entfernen, die Knochen mit Alufolie einwickeln **(Bild 1)**, die Haxen mit Salz und Pfeffer würzen und beiseite stellen.

2 In einer Kasserolle die Butter erhitzen, die fein geschnittene Schalotte zugeben, kurz anrösten, mit Milch und Hühnersuppe aufgießen und mit Salz, Pfeffer und Muskatnuss würzen.

3 Maisgrieß in die kochende Flüssigkeit einrühren und aufkochen lassen, mit einem Deckel verschließen und bei schwacher Hitze ca. 20 Minuten ziehen lassen, zwischendurch öfters mit einem Schneebesen verrühren.

4 Danach die Polentamasse 1 cm hoch auf ein Backblech streichen und kalt stellen (kann auch am Vortag vorbereitet werden).

5 Die Hendlhaxen auf einen Holzkohlengrill legen und bei nicht zu starker Hitze grillen.

6 Aus der Polentamasse mit einem runden Ausstecher 8–10 Taler ausstechen **(Bild 2)** und diese ebenfalls auf dem Grillrost grillen, vor dem Servieren das Gericht mit einem Rosmarinzweig garnieren.

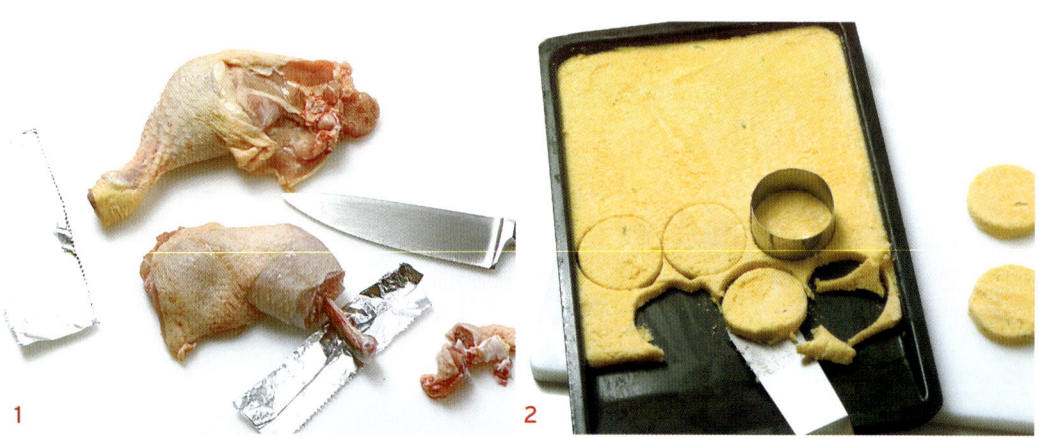

1   2

Hasenpfeffer
mit Polentascheiben

Zutaten für 2 Portionen
2 ausgelöste Hasenkeulen
Salz und Pfeffer
1 Karotte
1 kleine Zwiebel
100 g Bauchspeck
Öl zum Braten
1 Lorbeerblatt
3 Wacholderbeeren, zerdrückt
1/16 l Rotwein
1/4 l Wildjus
1 Filetstück
Lorbeerblätter zum Garnieren

Polentascheiben
200 ml Milch
200 ml Wasser
Salz und Pfeffer
Muskatnuss, gemahlen
einige Butterflocken
250 g Maisgrieß
Öl zum Braten

Zubereitung

1 Für die Polentascheiben Milch und Wasser zum Kochen bringen, mit Salz, Pfeffer und Muskatnuss würzen und die Butter zugeben, den Maisgrieß in die kochende Milch einrühren und aufkochen lassen, danach zugedeckt bei schwacher Hitze ca. 20 Minuten ziehen lassen.

2 Zwischendurch öfters umrühren, anschließend die Polentamasse in eine halbrunde Terrinenform streichen und kalt stellen.

3 Das Hasenfleisch in kleine Würfel schneiden und mit Salz und Pfeffer würzen, die Karotte schälen und in dickere Scheiben schneiden, die Zwiebel schälen und sechsteln, den Bauchspeck klein schneiden.

4 Etwas Öl erhitzen, das Hasenfleisch zugeben und kurz anbraten, Zwiebel, Lorbeerblatt und Wacholderbeeren zugeben.

5 Mit Rotwein ablöschen, mit Wildjus aufgießen und 40 Minuten langsam köcheln lassen, danach Karotten und Bauchspeck zugeben und weitere 10 Minuten köcheln lassen.

6 Das Filetstück auf beiden Seiten kurz anbraten und im auf 180 °C vorgeheizten Backrohr rosa fertig braten.

7 Die ausgekühlte Polenta in Scheiben schneiden und diese in etwas Öl beidseitig braten, den Hasenpfeffer auf vorgewärmten Tellern anrichten, mit je einem halben Filetstück garnieren und mit den Polentascheiben servieren, zuletzt mit Lorbeer garnieren.

Polentaauflauf
mit Schafkäse

Zubereitung
1 Suppe und Butter aufkochen, Maisgrieß einrieseln lassen und unter ständigem Rühren ca. 5 Minuten köcheln, Masse mit Salz und Pfeffer würzen, Petersilie hacken und in die Maismasse rühren.
2 Schafkäse in kleine Stücke brechen und mit dem Sauerrahm gut vermischen.
3 Polenta und Schafkäsemasse in Schichten von ca. 1 cm abwechselnd in eine mit geschmolzener Butter ausgestrichene ofenfeste Form streichen, einen kleinen Rest der Schafkäsemasse obenauf geben.
4 Auflauf ins auf 200 °C vorgeheizte Backrohr schieben und ca. 20 Minuten backen, gegen Ende der Garzeit auf starke Oberhitze oder Grillfunktion schalten.
5 Aus dem Ofen nehmen, portionieren und heiß servieren.

Zutaten
1 l Suppe
50 g Butter
300 g Maisgrieß
Salz und Pfeffer
1/2 Bund Petersilie
500 g Schafkäse
1/8 l Sauerrahm

Polentaecken
mit Schwammerln und Fasciertem

Zutaten
250 g Maisgrieß
1/2 l Wasser
1 TL Salz

Belag
1 mittelgroße Zwiebel
Petersilie
200 g Herrenpilze oder Eierschwammerln
600 g gemischtes Faschiertes
2 Semmeln
1 Ei
Salz und Pfeffer
Senf
eventuell etwas Butter

Garnitur
1 Becher Sauerrahm
Salz und weißer Pfeffer
frische Kräuter nach Geschmack
1 Knoblauchzehe

Zubereitung
1 Den Maisgrieß in das kochende Salzwasser einlaufen lassen, 10 Minuten köcheln lassen und ausdünsten, nach leichtem Abkühlen auf ein befettetes Backblech fingerdick aufstreichen.

2 Für den Belag die gehackte Zwiebel und Petersilie mit den fein gehackten Pilzen abrösten, bis keine Flüssigkeit mehr vorhanden ist.

3 Das Faschierte mit dieser Masse mischen und eingeweichte, ausgedrückte, zerzupfte Semmeln dazugeben, mit Salz, Pfeffer und Senf abschmecken und die Masse auf die Polentamasse streichen, eventuell etwas Butter darüberträufeln und im Backrohr ca. 35–40 Minuten backen.

4 Danach in kleine Quadrate schneiden, auf jedes Stück einen kleinen Löffel Sauerrahm (mit Salz, weißem Pfeffer, gehackten Kräutern und zerdrücktem Knoblauch abgeschmeckt) geben und auf Tellern anrichten.

Polentaschnitten
mit Käse überbacken

Zutaten
1 l Wasser
Salz
100 g Butter
400 g Polentagrieß
300 g Schnittkäse

Zubereitung
1 Wasser, Salz und Butter zum Kochen bringen.

2 Polentagrieß eingießen, umrühren und bei kleiner Hitze unter ständigem 20 Minuten quellen lassen.

3 Die Polenta ca. 2 cm dick auf ein Backblech streichen, kalt werden lassen, in rechteckige Schnitten schneiden und diese mit Käse belegen.

4 Die Polentaschnitten im Backrohr bei 180 °C ca. 10 Minuten überbacken.

Abbildung gegenüber: Auf „Türkengehängen" an den Hauswänden wurde der Mais zum Trocken aufgehängt. Bei diesem Tiroler Bauernhaus auf der Mieminger Hochfläche hing der Mais am Stangenwerk des Giebelfeldes, wo er gegen Regen und Schneefall geschützt war. (Aus dem Buch „Tirol: Volk, Heimat, Brauchtum" von Enno Folkerts, Karl Springenschmid, Druckerei Tirol Ges.m.b.H., Innsbruck 1940.)

In Tirol wird Mais seit dem 16. Jahrhundert angebaut, von den rund 10.000 Hektar Ackerfläche entfallen ca. 2.500 Hektar auf den Maisanbau (vor allem in der Inntalfurche und in Mittelgebirgsrandlagen).

Gebackenes Osterkitz
in der Polentakruste mit kalter Olivenölsauce

Zutaten

Teig
50 g Weizenmehl
50 g gemahlener Maisgrieß
150 g geriebener Hartweizengrieß
3 dl Wasser
Salz

Fülle
600 g zugeputzter Kitzschlögel und -rücken
Salz und Pfeffer
1 EL Kräuter, fein gehackt
100 g rohes Sauerkraut
eventuell 50 g Grammeln

Öl zum Ausbacken

Farce
100 g Kitzschulter
80 g Crème fraîche
40 g Topfen
50 g Eiklar
Dijonsenf
Olivenöl
Salz und Pfeffer
abgeriebene Zitronenschale (unbehandelt)
Kräuter nach Geschmack

Olivenölsauce
3–4 EL Weißwein
2 dl Olivenöl
5 EL Weißweinessig
10 g Dijonsenf
1 Ei
Zucker und Pfeffer

Zubereitung

1 Mehl, Maisgrieß und Hartweizengrieß vermischen, 3 dl Wasser aufkochen, die Mehl-Grieß-Mischung und etwas Salz einrühren und verrühren, bis sich der Teig zu einer Kugel kneten lässt. Teig in eine Klarsichtfolie wickeln und 2 Stunden rasten lassen.

2 Für die Farce Kitzschulter klein schneiden und mit Crème fraîche und Topfen gut verrühren, Eiklar zu Schnee schlagen, diesen unter die Masse ziehen, Farce mit Dijonsenf, Olivenöl, Salz, Pfeffer, Zitronenschale und Kräutern abschmecken.

3 Kitzschlögel und -rücken mit Salz und Pfeffer würzen.

4 Den Teig dünn ausrollen, Farce auf eine Hälfte des Teiges streichen. Fleisch auf die Farce setzen und mit Kräutern bestreuen, Sauerkraut und Grammeln auf dem Fleisch verteilen. Die zweite Teighälfte über die Fülle klappen, Teigränder festdrücken.

5 Kitz in reichlich Fett (Temperatur ca. 180 °C) ca. 5 Minuten backen.

6 Für die Olivenölsauce Weißwein, Öl, Essig, Senf und Ei gut verrühren und mit Zucker und Pfeffer abschmecken.

7 Kitz mit kalter Sauce servieren.

Pikante Polentatorte

Zutaten
250 g Maisrieß (grob oder fein)
1 l Gemüsesuppe
1 Becher Joghurt (150 g)
100 g geriebener Käse
1 TL Curry
frisch gemahlener Pfeffer
1 Bund Schnittlauch oder Kresse

Zubereitung
1 Den Maisgrieß mit Hilfe eines Schneebesens in die kochende Gemüsesuppe einrühren, etwa 5 Minuten im zugedeckten Topf auf der abgeschalteten Herdplatte köcheln lassen, anschließend den Mais 10 Minuten auf der abgeschalteten Herdplatte quellen lassen, den Topf von der Platte nehmen und den Maisbrei noch ca. 10 Minuten nachquellen lassen.

2 Joghurt und Käse unter die Masse rühren und mit Curry und Pfeffer abschmecken, diesen Teig in eine gefettete Springform (26 cm Durchmesser) füllen und glatt streichen.

3 Auf der mittleren Schiene im Backofen bei 200 °C 20 Minuten backen.

4 Vor dem Servieren mit dem fein geschnittenen Schnittlauch oder der Kresse bestreuen.

Polentakarpfen

Zutaten
4 St. Karpfenfilets (oder ein halbierter Karpfen mit Kopf)
100 g Verhackert
200 g Sterzmehl
Salz
Zitronensaft

Zubereitung
1 Die Karpfenstücke zuerst mit Zitronensaft würzen und dann gut salzen.

2 Anschließend in Sterzmehl wälzen und dieses gut andrücken.

3 Das Verhackert in einer Pfanne erhitzen und die Karpfenstücke einlegen, ganz langsam auf beiden Seiten braten.

Tofu-Pilz-Ragout mit Polenta

Zubereitung (ca. 30 Min.)

1 Polenta in der doppelten Menge Salzwasser kochen.
2 Pilze putzen und in mundgerechte Stücke schneiden, Tofu in kleine Würfel schneiden, Knoblauch und Lauch fein schneiden.
3 Öl erhitzen und Lauch darin glasig dünsten, Knoblauch hinzufügen und kurz mitdünsten, die Pilze dazugeben und etwa 5 Minuten braten, dann Tofu beimengen und 4–5 Minuten mitbraten.
4 Petersilie und Dill fein hacken.
5 Pilze mit Weißwein ablöschen und mit Suppe aufgießen, Kräuter beimengen und Ragout 5 Minuten köcheln lassen.
6 Maisstärke mit 2 EL kaltem Wasser glatt rühren, Obers-Wasser-Gemisch zum Ragout geben und Maisstärke einrühren, kurz aufkochen lassen und vom Herd nehmen, mit Sojasauce, Salz und Pfeffer würzen.
7 Polenta mit dem Ragout auf Tellern anrichten und nach Belieben garnieren.

Zutaten

200 g Polenta, Salz
300 g Pilze (z. B. Steinpilze, Eierschwammerln, Champignons ...)
200 g Tofu
1 Knoblauchzehe
2 Stangen Lauch
2 EL Rapsöl
1/2 Bund Krauspetersilie
1/2 Bund Dill
2 EL Weißwein
250 ml Gemüsesuppe
2 TL Maisstärke
50 ml Obers, 150 ml Wasser
1 EL Sojasauce
Salz und Pfeffer

Abbildung gegenüber: Oststeirischer Bauer bei der Maisernte.

Polentalaibchen
mit Käse, Speck, Schwammerln und Paradeisern

Zutaten

Polentalaibchen
200 g Maisgrieß
ca. 3/4 l Wasser
100 g Käse (je nach eigenem Geschmack), gerieben
Salz und Pfeffer
Muskatnuss, gerieben
100 g Käse, in Scheiben geschnitten, zum Überbacken

Belag
100 g Eierschwammerln
etwas Öl
1 kleine Zwiebel
Salz und Pfeffer
Kräuter nach Belieben, gehackt
2–3 Paradeiser
1 EL Butter
Basilikum, fein geschnitten
150 g Schinkenspeck, fein gewürfelt

Zubereitung

1 Den Maisgrieß unter ständigem Rühren ins kochende Salzwasser einrieseln lassen, bei geringer Hitze ca. 35 Minuten unter ständigem Rühren quellen lassen (die Polenta sollte nicht zu dick werden), dann den geriebenen Käse untermengen, mit Salz, Pfeffer und Muskatnuss würzen.

2 Polenta-Käse-Masse auf einem Brett oder Backblech glatt streichen und auskühlen lassen.

3 Danach mit einem runden Keksausstecher Scheiben aus der abgekühlten Masse ausstechen, auf diese je eine Scheibe Käse legen und die Laibchen auf einem mit Backpapier ausgelegten Backblech im Backrohr bei ca. 170 °C 10–15 Minuten braten.

4 Für den Belag Eierschwammerln putzen, klein schneiden und in etwas Öl mit der gehackten Zwiebel und der Hälfte der Kräuter rösten, mit Salz und Pfeffer würzen.

5 Paradeiser schälen, entkernen und das Paradeiserfleisch kleinwürfelig schneiden, in Butter sautieren und mit Salz, Pfeffer und Basilikum würzen.

6 Speckwürfel bei milder Hitze in einer Pfanne anrösten.

7 Die Polentataler auf Tellern anrichten und abwechselnd mit Speckwürfeln, Eierschwammerln und Paradeisern belegen, nach Belieben mit Kräutern garnieren.

Saibling
auf Linsen mit Polenta

Zubereitung
1 Die Filets mit je 1 Zweig Rosmarin belegen und mit je 1 Scheibe Schinkenspeck umwickeln, so dass 2/3 der Filets und des Rosmarinzweiges frei bleiben.
2 30 g Butter mit der fein gehackten Petersilie und einer Prise Salz abtreiben und die Filets damit bestreichen.
3 Für die Polenta Wasser mit Salz zum Kochen bringen, den Grieß langsam unterrühren und 40 Minuten lang bei mittlerer Hitze unter ständigem Umrühren (mit einem Holzlöffel) garen, Topf vom Feuer nehmen, Butter und Doppelrahmfrischkäse in die Masse unterrühren und mit einem feuchten Tuch abdecken.
4 Zwiebel in Butter anschwitzen, mit den eingeweichten Linsen, den Gewürzen und dem kleinwürfelig geschnittenen Gemüse in einen Druckkochtopf geben, mit Gemüsesuppe aufgießen, den Druckdeckel schließen und 15 Minuten weich kochen, zum Schluss salzen.
5 Eine feuerfeste Pfanne mit 30 g Butter ausstreichen, die vorbereiteten Fischfilets einlegen und im Backrohr 10 Minuten bei 230 °C garen.
6 Fertig gegarten Fisch auf einer Platte (oder auf Tellern) mit den Linsen und der Polenta gefällig anrichten.

Zutaten
4 Saiblingsfilets (oder 4 kleine Saiblinge, küchenfertig)
4 kleine Rosmarinzweige
4 dünne Scheiben Schinkenspeck
60 g Butter, 10 g Petersilie, Salz

Polenta
1/2 l Wasser
Meersalz
150 g Maisgrieß
40 g Butter
1 EL Doppelrahmfrischkäse

60 g Zwiebel
30 g Butter
150 g Linsen (über Nacht eingeweicht)
1 kleines Lorbeerblatt
1 Prise Kümmel
1/2 l ungesalzene Gemüsesuppe
40 g Karotten
30 g Sellerieknolle, Salz

Polenta auf italienische Art

Polenta-Gratin
mit Frühlingszwiebeln und Gorgonzola

Zubereitung

1 Polentagrieß in das kochende Salzwasser einrieseln lassen, bei schwacher Hitze 10 Minuten garen, dabei immer wieder kräftig durchrühren, 1 EL Butter einrühren und weitere 10 Minuten auf der heißen Platte lassen, kurz überkühlen lassen.

2 Für die Sauce Frühlingszwiebeln in dünne Ringe schneiden, diese in heißem Öl mit 1 EL Butter nicht zu weich dünsten, Knoblauchzehen zugeben, mit Weißwein aufgießen und zugedeckt 4 Minuten kochen, salzen und pfeffern.

3 Den würfelig geschnittenen Gorgonzola zugeben und so lange rühren, bis sich der Käse aufgelöst hat, von der Platte nehmen.

4 Mit einem kleinen Schöpflöffel oder – noch besser – mit einem Eisportionierer 12–16 Bällchen aus der ausgekühlten Polentamasse ausstechen und auf ein befettetes Backblech (oder in eine große Bratenform) setzen. Mit der Sauce umgießen und mit je einem Butterflöckchen besetzen. Im mäßig vorgeheizten Rohr bei 200 °C 15–20 Minuten überbacken.

Zutaten

300 g Polentagrieß
ca. 1 l Wasser
Salz
1 EL Butter

Sauce
200 g Frühlingszwiebeln (oder zur Hälfte Lauch und normale Zwiebeln)
3 EL Butter
4 Knoblauchzehen, gehackt
6 EL Weißwein
Salz und Pfeffer
100 g Gorgonzola
Öl

✓ TIPP
Anstatt die Polentamasse in Bällchen auf ein Backblech oder in eine Bratenform zu geben, kann man sie natürlich auch gleichmäßig aufstreichen und die Sauce darauf verteilen, wie am Foto zu sehen ist.

Polenta alla griglia
(Gegrillte Polenta mit Spiegelei)

Zutaten für 6 Portionen
1/2 l Wasser
Salz
150 g Maisgrieß
6 EL Olivenöl
6 Eier
Pfeffer
50 g geriebener Parmesan

Zubereitung

1 Das Wasser in einem großen Topf aufkochen lassen, etwas Salz zufügen und den Maisgrieß unter ständigem Rühren mit dem Schneebesen einrieseln lassen, bis die Polenta dick ist und sich vom Topfrand löst, dabei des Öfteren mit einem langen Holzlöffel umrühren.

2 Die gekochte Polenta in eine mit kaltem Wasser ausgespülte quadratische Form von 15 cm Kantenlänge füllen, glatt streichen und vollkommen auskühlen lassen, aus der Form stürzen und in 6 gleich große Stücke schneiden.

3 Die Polentascheiben beidseitig mit Olivenöl bestreichen und auf dem heißen Grill oder in der Pfanne auf jeder Seite 3 Minuten braten.

4 Das restliche Öl in einer Pfanne erhitzen, die Eier hineinschlagen, Spiegeleier braten, mit Salz und Pfeffer würzen.

5 Die Polentascheiben auf Tellern anrichten, jeweils ein Spiegelei daraufsetzen, mit Parmesan bestreuen und sofort auftragen.

Tischpolenta

Zutaten
1 große Zwiebel
1 große Karotte
1 große Stange Sellerie
3 Knoblauchzehen
1 Hand voll frische Petersilie und Basilikum
5 EL Olivenöl
1 l passierte Paradeiser
1 Trockenwürstel, feinblättrig geschnitten
Salz und Pfeffer
400 g Polentagrieß
3/4 l Wasser

Zubereitung

1 Das Gemüse putzen, schälen und fein hacken, Olivenöl in einen großen Topf geben, Gemüse und fein gehackte Kräuter darin braten, bis die Zwiebel glasig ist, passierte Paradeiser hineingießen, die Wurstscheiben hinzufügen und mit Salz und Pfeffer abschmecken, zudecken und etwa 90 Minuten schmoren lassen.

2 Den Maisgrieß in einen großen Topf mit kochendem Salzwasser schütten, unter ständigem Rühren etwa 30 Minuten kochen, wobei sich auf der Oberfläche Blasen bilden sollten, die Polenta ist gar, wenn sie sich vom Topfrand löst.

3 Die Polenta in einer weiten Schüssel anrichten, die Gemüse-Wurst-Mischung darüber verteilen und auftischen.

Früher wurde die Tischpolenta – wie der Name besagt – direkt auf den Tisch gestürzt, und zwar genau in die Mitte, ein wenig ausgebreitet, die Wurstmischung darüber verteilt, jeder bekam eine Gabel und bediente sich selbst.

Polenta-Pizza

Zubereitung

1 Gemüsesuppe aufkochen, mit der Schneerute Maismehl einrühren und auf kleinster Flamme ca. 10 Minuten kochen, Hitze abschalten und 10–20 Minuten quellen lassen (es muss ein dicker Brei entstehen).
2 In der Zwischenzeit das Paradeisermark mit wenig Wasser zu einem dicken Brei verdünnen, Knoblauch und Gewürze zugeben.
3 Zwiebel, Paradeiser, Zucchino und Paprikaschote klein schneiden und kurz in Öl dünsten, salzen.
4 Den noch heißen Maisbrei auf einem Backblech ca. 2 cm hoch aufstreichen. Paradeisermark daraufstreichen, Gemüse und Käse darüber verteilen und 15 Minuten im Backrohr überbacken.

Variante: Der Belag kann nach Belieben variiert werden (Wurzelgemüse, Artischocken, Spargel, Schinken, Salami, Thunfisch etc.). Auch verschiedene Gewürze (z. B. Koriander) oder beliebige Käsesorten (Bergkäse, Emmentaler, Mozzarella) bringen Abwechslung.

Zutaten

1/2 l Gemüsesuppe
150 g Maismehl
3 EL Paradeisermark
1 Knoblauchzehe
Salz und Pfeffer
Oregano, Basilikum
1 Zwiebel
1 Paradeiser
1 kleiner Zucchino
1 rote Paprikaschote
1 TL Öl
1 EL geriebener Käse

nach Belieben Petersilie oder andere Kräuter

✓ TIPP
Vor dem Servieren portionieren und mit frisch gehackten Kräutern bestreuen.

Gnocchi di polenta al gorgonzola
(Nockerln aus Maisgrieß mit Gorgonzola)

Zutaten
1 1/4 l Wasser
Salz
350 g Maisgrieß (möglichst grob gemahlen)
180 g Gorgonzola
100 g gekochter Schinken
100 g Butter
100 g Parmesan, frisch gerieben
4–5 EL Obers
Butter für die Form

✓ TIPP
Grob gemahlener Maisgrieß braucht eine wesentlich längere Kochzeit, mehr Flüssigkeit und schmeckt kerniger. Wer nicht so lange rühren möchte, nimmt feinen, vorbehandelten Polentagrieß – dieser muss nur ca. 5 Minuten gekocht werden.

Zubereitung
1 Aus dem Wasser, Salz und dem Maisgrieß unter ständigem Rühren eine feste Polenta kochen.

2 Gorgonzola und Schinken in kleine Würfel schneiden.

3 Mit zwei nassen Esslöffeln Nockerln aus dem Maisbrei formen und in eine gebutterte Auflaufform setzen (drei Lagen bilden: die erste mit den Gorgonzolawürfeln bestreuen und einige Butterflöckchen daraufgeben, auf der zweiten Lage den Schinken verteilen und den Parmesan darüberstreuen, auf die oberste Lage die restliche Butter geben und das Obers darüberträufeln. Im auf 200 °C vorgeheizten Backrohr auf der mittleren Schiene etwa 30 Minuten goldbraun überbacken.

Polenta alla pancetta

Zutaten
1 1/4 l Wasser
Salz
350 g Maisgrieß (möglichst grob gemahlen)
50 g Butter
2 Zwiebeln
150 g durchwachsener Räucherspeck
2 EL Schweineschmalz od. Olivenöl
Parmesan zum Bestreuen

Zubereitung
1 Aus dem Wasser, Salz und dem Maisgrieß unter ständigem Rühren eine feste Polenta kochen.

2 Mit zwei nassen Esslöffeln Nockerln aus dem Maisbrei formen und in eine gebutterte Auflaufform setzen.

3 Die Zwiebeln in dünne Ringe schneiden, den durchwachsenen Räucherspeck in ganz kleine Würfel schneiden.

4 Das Schweineschmalz oder Olivenöl erhitzen und den Speck und die Zwiebeln darin bei schwacher Hitze so lange braten, bis die Zwiebelringe weich, aber nicht gebräunt sind.

5 Die Zwiebel-Speck-Mischung über die Nockerln geben. Nach Belieben mit Parmesan bestreuen.

Polenta nach Lasagne-Art

Zubereitung

1 In einem großen Topf den Polentagrieß in das kochende Salzwasser schütten, unter ständigem Umrühren 30 Minuten kochen lassen, bis sich die Polenta vom Topfrand löst, Polenta auf ein Brett stürzen und fest werden lassen, danach in ca. 1 cm dicke Scheiben schneiden.

2 Die getrockneten Pilze mit lauwarmem Wasser bedecken und etwa 15 Minuten einweichen. Inzwischen Zwiebel, Karotte und Sellerie fein schneiden, mit etwa einem Drittel der Butter in einen Topf geben und braten, bis alles weich ist.

3 Das Fleisch dazugeben und rundherum anbräunen, Wein eingießen und rasch aufkochen, etwa 5 Minuten kochen lassen, damit der Alkohol verdampfen kann, die Paradeiser und das Paradeisermark dazugeben, abschmecken und umrühren, zudecken und 30 Minuten schmoren.

4 Die Pilze abtropfen lassen, durchschneiden (falls sie zu groß sind) und 30 Minuten mitgaren, die Hühnerleber schnell in etwa 20 g Butter garen.

5 Eine feuerfeste Form buttern, auf den Boden eine Lage Polenta-Scheiben geben, ein wenig Fleischsauce darübergießen und etwas Parmesan darauf verteilen, mit einer weiteren Lage Polenta-Scheiben bedecken, mit Butterflocken und ein wenig Hühnerleber belegen, Parmesan obenauf geben, diesen Vorgang noch einmal wiederholen und mit Parmesan und Butter abschließen. Im heißen Ofen bei 200 °C 20–25 Minuten backen.

Zutaten

170 g Maisgrieß
0,6 l Wasser
Salz
10 g getrocknete Pilze
1 Zwiebel
1 Karotte
1 Stange Sellerie
80 g Butter
100 g Rindersteak, würfelig geschnitten
1/4 l trockener Weißwein
150 g reife Paradeiser, gehäutet, entkernt und gehackt
1 TL Paradeisermark
Salz und Pfeffer
50 g Parmesan, gehobelt
50 g Hühnerleber, gesäubert und gehackt

Maisbrot

Zutaten
2 Tassen Mehl
2 Tassen Maisgrieß
1 Tasse Zucker
2 TL Backpulver
1 TL Salz
1 Ei
1 gehäufter EL Schweineschmalz
etwas Milch

Zubereitung
1 Alle Zutaten mit der Milch verrühren, bis eine glatte, nicht zu flüssige Masse entsteht.
2 Aus dieser einen Laib formen und bei 180 °C 20–25 Minuten im Backohr backen.

Maisbrot II

Zutaten
3 Tassen Mehl
1 Tasse Maisgrieß
1 Tasse brauner Zucker
2 TL Backpulver
2 TL Natron
4 Eier
1/2 Tasse Pflanzenöl

Zubereitung
1 Alle Zutaten verrühren, so dass ein eher flüssiger Teig entsteht.
2 Diesen in ein Backblech mit Rand füllen und bei 220 °C 20–30 Minuten im Rohr backen.

Gekochte oder gegrillte Maiskolben

Die einfachste Art, Mais zu genießen: Die Maiskolben von den Blättern und dem faserigen Bart befreien und in leicht gesalzenem Wasser in ca. 20 Minuten garen. Die Maiskolben mit frischer Butter bestreichen und die wohlschmeckenden Körner abknabbern. Man kann Maiskolben natürlich auch grillen, dazu die mit Butter bestrichenen Maiskolben auf dem Grill unter mehrmaligem Wenden etwa 15 Minuten garen, erst vor dem Essen salzen.

Maisbrot

Auf manchen Höfen in der Oststeiermark erfolgt das „Woaz-Schälen" noch händisch.

Maismehlgarnica
(Rumänien)

Zutaten
400 g Maismehl, grob gemahlen
Salz
Semmelbrösel
Öl

Zubereitung
1 Maismehl in siedendem Salzwasser zu einem dicken Brei kochen, diesen in eine Schüssel stürzen, etwas ruhen lassen.
2 Semmelbrösel in Öl bräunen, mit zwei in Wasser getauchten Esslöffeln Nocken aus dem Brei abstechen, diese in den Semmelbröseln wälzen und heiß servieren.

Mohngarnica
(Rumänien)

Zutaten
400 g Maismehl, grob gemahlen
Salz
2 EL Staubzucker
4 EL Mohn, gemahlen
4 EL Honig

Zubereitung
Maismehl in siedendem Salzwasser zu einem dicken Brei kochen, in eine Schüssel stürzen, mit einem in Wasser getauchten Löffel Nocken abstechen, diese in einer Mischung von Zucker, Honig und Mohn wälzen, sofort servieren.

Mamaliga
(Rumänisches Nationalgericht)

Zubereitung
Einen festen Maisbrei zubereiten und darunter mit Sauerrahm verrührten Topfen oder Schafkäse mischen. Die Mamaliga in eine feuerfeste Schüssel füllen, für ein paar Minuten in das heiße Backrohr stellen. Dann die Mamaliga aus der Schüssel auf ein Brett stürzen.

Zutaten
220 g Maismehl
1 l Wasser
Salz
1/4 l Sauerrahm
500 g Topfen
(oder Schafkäse)

Süße Polentagerichte

Süße Polentacreme

Süße Polentacreme

Zubereitung

1 Milch mit Zimtstange, Gewürznelken und Zitronenschale aufkochen, Zimtstange und Gewürznelken anschließend herausnehmen und den Polentagrieß einkochen, unter ständigem Rühren aufkochen lassen.

2 Brei vom Herd nehmen, etwas überkühlen lassen und den Honig dazugeben, im Kühlschrank mit feuchtem Tuch zugedeckt auskühlen lassen (am besten am Vorabend zubereiten).

3 Den gekühlten Polentabrei mit der Milch glatt rühren, Zimt, Rum und Joghurt dazugeben,

4 Mandeln hacken und rösten, Obers aufschlagen und mit den gerösteten Mandeln unter die Polentamasse heben, eventuell mit Honig nachsüßen.

5 Je 1 EL Preiselbeeren in 4 Gläsern verteilen und die Polentacreme einfüllen, mit ganzen Mandelkernen garnieren.

Zutaten
1/2 l Milch
1 Zimtstange
5 Gewürznelken
1/2 Zitrone (unbehandelt)
100 g Polentagrieß
60 g Honig
1/16 l Milch
1 TL Zimt
1 EL Rum
1/2 Becher Magerjoghurt
80 g Mandeln
1/8 Obers
4 EL Preiselbeeren
8 Stück Mandelkerne

Polentapudding
mit Früchten der Saison

Zubereitung

1 Milch in einen Topf geben und bis knapp unter den Siedepunkt erwärmen, Polentamehl in eine Schüssel geben und die warme Milch langsam darübergießen, gut durchrühren, dann die Mischung wieder in den Topf füllen.

2 Unter ständigem Umrühren zum Kochen bringen und bei geringer Hitze 5 Minuten köcheln lassen, bis die Masse zäh wird, vom Herd nehmen, Rosinen, Butter, Honig und Vanillemark dazugeben und gut mit der Masse vermischen, Zitronensaft und -schale hinzufügen, untermischen, die Nüsse einrühren.

3 Brei beiseitestellen, ein Backblech einölen, darauf die Masse verteilen, bis ein Außenmaß von etwa 20 x 30 cm erreicht ist (am besten einen Löffel dazu benutzen), 2 Stunden fest werden lassen.

4 Den Polenta-Pudding in Stücke schneiden und mit frischen Früchten belegen (man kann den Pudding auch mit Obstpüree anrichten) und mit Schlagobers oder Joghurt servieren.

Zutaten
600 ml Milch
100 g Polentamehl
100 g Rosinen
25 g Butter
1 EL Honig
etwas Vanillemark
Saft und geriebene Schale einer Bio-Zitrone
75 g Pecannüsse, gestoßen

verschiedenes klein- bzw. in Scheiben geschnittenes Obst der Saison
etwas Schlagobers oder Joghurt zum Garnieren

✓ TIPP:
Anstatt den Pudding auf dem Backblech aufzustreichen, kann man ihn auch in mit kaltem Wasser ausgeschwemmten Puddingformen erstarren lassen und danach auf Teller stürzen.

Süße Polenta mit Früchten

Zutaten
600 ml Wasser
Salz
300 g Maisgrieß

1 Banane
1 Apfel
2 Kiwis
5 EL Ananassaft
2 EL Honig
1 TL Zimtpulver
2 EL Rosinen

Zubereitung
1 Das Salzwasser zum Kochen bringen, den Maisgrieß einrühren und einmal aufkochen lassen; danach (zugedeckt) von der Kochstelle nehmen, öfters umrühren, bis der Maisgrieß weich ist; anschließend die Masse auskühlen lassen.

2 Die Banane, den Apfel und die Kiwis schälen und in gleich große Stücke schneiden, in einer Schüssel den Ananassaft mit Honig und Zimtpulver gut verrühren, die Rosinen und Früchtewürfel zugeben.

3 Die Polenta mit einer Gabel zerteilen, vorsichtig mit den Früchten vermischen und in Portionen servieren.

Abbildung gegenüber: Um die Maiskolben zum Trocknen aufhängen zu können, werden die unterschiedlichsten Konstruktionen angefertigt.

Topfenknödel mit Maisgrieß

Zutaten
250 g trockener Topfen (20 % Fett)
2–3 EL Maisgrieß
1 großes Ei (oder 2 kleine)
Salz
2–3 EL Brotbrösel

100 g Nüsse, gemahlen
4 Portionen Zwetschkenmus

Zubereitung
1 Alle Zutaten vermischen, wenn die Masse zu „nass" ist, etwas Maizena untermengen.

2 Den Teig etwas rasten lassen, anschließend 5–6 Knödel formen und in leicht kochendes Salzwasser geben, 10 Minuten sanft kochen und weitere 10 Minuten ziehen lassen.

3 Die gemahlenen Nüsse ohne Fett etwas anrösten, die fertigen Knödel damit bestreuen und mit Zwetschkenmus servieren, nach Wunsch mit Staubzucker bestreuen.

Gebratene Polentascheiben
mit Zucker und Zimt

Zutaten
1 l Wasser
Salz
400 g Maisgrieß

60 g Butter
2 EL Zucker oder Honig
1 TL Zimt
eventuell 300 g Zwetschkenmus

Zubereitung
1 Den gekochten Maisgrießbrei (siehe Rezept oben) auf einem nassen Brett zu einer ca. 6 cm dicken Rolle formen, davon 2 cm dicke Scheiben abschneiden, diese in heißer Butter auf beiden Seiten goldbraun braten.

2 Die Polentascheiben mit Zucker und Zimt bestreuen oder je zwei Scheiben mit Zwetschkenmus zusammensetzen.

✓ **TIPP**
Schmeckt gut mit Milch, Apfelmus oder Kompott.

Polentaknödel auf Vanillesauce

Zutaten
250 ml Milch
Salz
60 g Polentagrieß
1 Ei
2 Eidotter
1 EL Staubzucker
1 P. Vanillezucker
125 ml Obers
50 g Erdbeeren zum Garnieren

Zubereitung
1 Milch mit Salz zum Kochen bringen.

2 Den Polentagrieß einrühren und so lange rühren, bis ein Kloß entsteht, auskühlen lassen, anschließend das Ei unterrühren.

3 Kleine Knödel formen und in kochendem Salzwasser 15 Minuten leicht köcheln lassen.

4 Eidotter mit Staubzucker, Vanillezucker und Obers über einem heißen Wasserbad und unter ständigem Schlagen wärmen, bis sich die Sauce bindet.

5 Die Polentaknödel auf Teller geben, die Vanillesauce darübergießen und mit Erdbeeren garnieren.

Maisgrießsoufflé
mit frischen Feigen

Zubereitung
1 Milch mit Salz zum Kochen bringen, Maisgrieß in die Milch rühren und bei mittlerer Hitze 15 Minuten quellen lassen, dabei öfter umrühren, damit die Masse nicht ansetzt.
2 Den Topf zur Seite stellen und die Masse etwa 5 Minuten abkühlen lassen.
3 Die Eier trennen, Eidotter und Honig unter die Maismasse rühren, weitere 5 Minuten abkühlen lassen.
4 Eiklar steif schlagen und Eischnee mit einem breiten Kochlöffel oder Teigschaber vorsichtig unter die Maismasse heben.
5 Vier kleine Souffléförmchen oder Tassen mit zerlassener Butter auspinseln und mit Semmelbröseln bestreuen, die Förmchen (Tassen) zur 3/4 mit der Maismasse füllen und im auf 180 °C vorgeheizten Backrohr 30 Minuten backen.
6 In der Zwischenzeit 1/4 l Rotwein mit 2 EL Honig leicht erhitzen, bis der Honig aufgelöst ist, Zimt und Johannisbeerlikör zugeben.
7 Stiele der 4 Feigen abschneiden, die Feigen jeweils in 6 Teile schneiden und zum Rotwein geben, Pfefferminzblätter in feine Streifen schneiden und in die Sauce rühren.
8 Soufflés aus den Tassen auf Teller stürzen, die Sauce mit den Feigen dazugießen und das Dessert mit Pfefferminzblättern garnieren.

Zutaten
1/3 l Milch
1 Prise Salz
70 g Maisgrieß
2 Eier

1 EL Butter und Semmelbrösel
für die Förmchen

1/4 l Rotwein
1–2 EL Honig
2 Msp. gemahlener Zimt
3 EL Johannisbeerlikör
4 frische Feigen
1 kleiner Bund Pfefferminze
3 EL Vollkornmehl

Maiskolben wurden auch häufig in Wirtschaftsgebäuden unter dem Dach zum Trocknen aufgehängt.

Süßer Maisgrießauflauf

Zutaten
300 g Maisgrieß
1 1/2 l Milch
1/2 TL Salz
50 g Zucker oder 2 EL Honig
20 g Germ

Belag
500 g Äpfel
1/8 l Sauerrahm
2 EL Honig oder Zucker
50 g Rosinen
Saft und Schale von 1/2 Bio-Zitrone
1 TL Zimt

40 g Butter

Zubereitung
1 Maisgrieß in eine Schüssel geben und mit kochender Milch übergießen, wenn dieser Brei lauwarm ist, Salz, Zucker und die zerbröselte Germ daruntermengen.

2 Für den Belag die Äpfel schälen, dünnblättrig schneiden und mit den übrigen Zutaten vermischen.

3 1/3 der Maisgrießmasse in eine bebutterte Auflaufform geben, darüber die Hälfte der Apfelmasse verteilen, Vorgang wiederholen und mit Maisgrießmasse abschließen.

4 Mit ein paar Butterflöckchen belegen und bei 180 °C 45 Minuten im Backrohr backen.

 TIPP
Statt der Äpfel kann man jede beliebige Obstart verwenden.

Sterzauflauf mit Fruchtsauce

Zubereitung

1 Milch mit etwas Salz aufkochen, Maisgrieß und Zitronenschale einrühren und bei kleiner Hitze 15 Minuten quellen lassen, dann die Masse auskühlen lassen.

2 Eier trennen, Eiklar mit Zucker zu Schnee schlagen, Eidotter mit der Butter schaumig rühren, Zitronensaft zugeben. Eidottermasse mit der Grießmasse vermengen, Eischnee unterheben.

3 Auflaufförmchen mit geschmolzener Butter ausstreichen und mit Zucker ausstreuen, Masse 3/4 voll in die Förmchen füllen.

4 In einem ausreichend großen Topf etwa fingerhoch Wasser aufkochen, eine Papierserviette auf den Boden des Geschirrs legen, Förmchen auf die Serviette ins Wasser setzen (die Förmchen sollen ca. 2 cm im Wasser stehen), Sterzauflauf im Rohr bei 250 °C ca. 20 Minuten garen.

5 Für die Fruchtsauce Beeren verlesen, wenn nötig waschen, im Mixer pürieren, durch ein Passiersieb streichen und mit Zucker und Zitronensaft abschmecken.

6 Sterzauflauf aus den Förmchen stürzen und mit Fruchtsauce servieren.

Zutaten

1/4 l Milch
Salz
50 g Maisgrieß
Saft und abgeriebene Schale 1/2 Bio-Zitrone
3 Eier
20 g Zucker
25 g Butter

Butter für die Form

Sauce
100 g Erdbeeren, Himbeeren oder Heidelbeeren
20 g Zucker
Zitronensaft

✓ TIPP
Der Auflauf bekommt eine schöne Farbe, wenn man die Förmchen mit braunem Zucker ausstreut.

Maisgrießparfait
mit Beerensauce

Zutaten
1/2 l Milch
20 g Butter
60 g Honig
1 Msp. echte Vanille (Pulverform)
1 Prise Salz
70 g Maisgrieß
2 Eiklar
30 g Mandeln, blanchiert und gerieben
1/2 TL Zitronensaft
1/2 TL geriebene Schale einer Bio-Zitrone
2 Eidotter

Sauce
150-200 g Himbeeren, Erdbeeren oder Heidelbeeren
etwas Honig

Zubereitung
1 Milch mit Butter, Honig, Vanille und Salz aufkochen, Maisgrieß einrühren, 5–8 Minuten auf kleiner Flamme kochen.
2 Inzwischen die Eiklar steif schlagen, Maisgrießmasse vom Herd nehmen und sofort die Mandeln und den Eischnee unterheben, danach Zitronensaft und -schale sowie die Eidotter einrühren, Maisgrießmasse in eine mit Klarsichtfolie ausgelegte Form füllen und einige Stunden tiefkühlen.
3 Das Parfait aus der Form stürzen, Folie lösen, Parfait portionieren und je nach Saison und Gusto mit Beerenpüree, gesüßt mit Honig, servieren.

✓ **TIPP**
Für diese Süßspeise kann man auch Vollweizengrieß anstatt Maisgrieß verwenden.

Sterz- oder Grießflammeri

Zutaten
1/4 l Milch
1 Prise Salz
40 g Maisgrieß
Zucker
Schale von je 1/2 Bio-Orange und -Zitrone
2 EL Orangenlikör
2 Blatt Gelatine
3/16 l Obers
100 g Zucker
4 EL Rumfrüchte (Zwetschken, Rosinen), klein gehackt
Butter und Kristallzucker für die Förmchen

Rotweinobst
Dörrobst (Rosinen, Zwetschken, Apfelringe, Kletzen)
1 kleines Stamperl Orangenlikör
1 großes Stamperl Rum
etwas Zucker
1/4 l Rotwein
eventuell 1 Stück Zimtrinde
abgeriebene Schale 1/2 Bio-Orange

Zubereitung
1 Milch mit Salz aufkochen, Maisgrieß einrühren und auf kleiner Flamme kochen, bis der Grieß gequollen ist, mit Zucker, geriebener Orangen- und Zitronenschale sowie Orangenlikör abschmecken.
2 Gelatine in lauwarmem Wasser einweichen und unter die heiße Grießmasse rühren, abkühlen lassen, Obers halbsteif mit Zucker aufschlagen und locker in die Masse einrühren.
3 Gedünstete, abgekühlte Rumfrüchte klein hacken und unter die Masse rühren.
4 Soufflé-Förmchen gut mit Butter ausstreichen und mit Kristallzucker ausstreuen, die Flammerimasse in die Förmchen füllen, jedes auf die Arbeitsplatte klopfen, damit die Grießmasse auch wirklich kompakt wird, dann kalt stellen.
5 Vor dem Servieren die Förmchen kurz in heißes Wasser tauchen, die Flammeris lassen sich dann besser stürzen.
6 Für das Rotweinobst beliebiges Dörrobst mit Orangenlikör und Rum beträufeln, zuckern und einige Zeit stehen lassen, wenn die Früchte gut mariniert sind, den Rotwein dazugeben, nochmals nach Geschmack zuckern, eventuell Zimtrinde dazugeben und aufkochen.
7 Die Flammeri auf kühle Teller stürzen und mit den Rotweinfrüchten garnieren. Zimtstange aus verbliebenem Rotwein nehmen, dicklich einkochen lassen und diesen Sirup über die angerichteten Früchte gießen.

Süßer Maisgrießbrei

Zubereitung

1 In kochendem Salzwasser Maisgrieß unter Rühren 5–10 Minuten zu dickem Brei kochen, 20 Minuten in einem fast kochenden Wasserbad nachquellen lassen, nach und nach knapp die Hälfte der Milch (nicht unter 10 °C) einrühren, Hitze drosseln (so den Maisgrieß bei 60–70 °C 30 Minuten gut ausquellen lassen), die Gewürze und klein gehackten Kräuter beigeben.

2 Den Rest der Milch auf 50 °C erwärmen, mit dem Schneebesen luftig unter die Maisgrießmasse schlagen, Butter oder Schlagobers hinzufügen, abschmecken und nachwürzen.

3 Süßen nach Wunsch mit Apfel-Birnen-Saft, Ahornsirup oder erst bei Tisch mit Honig.

Variante: wie Maisgrießbrei, aber nur 1/3 l Milch zufügen, würzen wie oben, kalt stellen. 100 g Obers sehr steif schlagen, zuletzt mit 1–2 EL Honig und etwas Zitronensaft abschmecken.
Alles mit dem Schneebesen leicht unter den Maisgrieß heben. So wird der schwerfällige Mais aufgelockert und mit wärmender Würzkraft durchzogen.

Zutaten

1/2 l Wasser
Salz
170 g Maisgrieß
1/2 l Milch
1 TL Ingwer (frisch gerieben)
1 TL Koriander
Zitronenschale
reichlich Basilikum
etwas Salbei, Zitronenmelisse
30 g Butter oder 80 g Obers

Apfel-Birnen-Saft, Ahornsirup oder Honig

Gebratene Polenta
mit Rhabarberkompott

Zutaten
1 l Wasser, 1 Prise Salz
5 EL Zucker
250 g Maisgrieß

1 Ei
50 g Semmelbrösel
50 g Butter
30 g Mandelblättchen

Kompott
1 kg Rhabarber
1/4 l Kirschensaft
1 EL Zitronensaft
2 TL Speisestärke
1 Ei
Zitronenmelisse zum Garnieren
Öl für die Form

Zubereitung

1 Wasser mit Salz und 2 EL Zucker aufkochen, Maisgrieß hinzufügen und unter ständigem Rühren ca. 10 Minuten bei schwacher Hitze ausquellen lassen, Topf vom Herd nehmen und abgedeckt weitere 5 Minuten ausquellen lassen.

2 Eine rechteckige Form (ca. 18 x 29 cm) mit Öl einstreichen, Polenta darin glatt streichen und abkühlen lassen.

3 Inzwischen Rhabarber putzen und in schmale Stücke schneiden, Kirschen- und Zitronensaft erhitzen, Rhabarber darin 5–8 Minuten dünsten, mit restlichem Zucker abschmecken.

4 Speisestärke und wenig Wasser glatt rühren, Kompott damit eindicken.

5 Polenta in Quadrate schneiden, diese in verquirltem Ei, dann in Semmelbröseln wenden und in 20 g heißer Butter von beiden Seiten goldbraun braten.

6 Die Mandelblättchen in einer Pfanne ohne Fett rösten, die restliche Butter zufügen und zergehen lassen.

7 Die Polentastücke und etwas Kompott zusammen auf Desserttellern anrichten, mit der Mandelbutter übergießen und nach Belieben mit Zitronenmelisse garnieren, restliches Kompott extra reichen.

Polenta mit Äpfeln

Zutaten
20 g Maisgrieß
1/2 l Wasser
1 Prise Salz
2 EL Honig
2 Eier
5 EL Obers
Vanillearoma
geriebene Schale 1/2 Bio-Zitrone
Zimt

50 g Butter oder Margarine für die Form

500 g Äpfel
30 g Rosinen

Zubereitung

1 Maisgrieß in das kochende Salzwasser einrühren und bei reduzierter Hitze köcheln lassen, bis eine dickliche Masse entsteht, danach Honig, Eier, Obers und Gewürze einrühren.

2 In einer Auflaufform Butter oder Margarine zergehen lassen, Maismasse einfüllen und mit geschnittenen Äpfeln und Rosinen bestreuen (man kann beides auch unter die Maisgrießmasse mischen).

3 Grieß-Apfel-Masse im auf 180 °C vorgeheizten Backrohr ca. 30 Minuten backen.

Polenta-Apfelschmarren

Zubereitung
1 In das kochende Salzwasser den Maisgrieß einrühren, Herd ausschalten und quellen lassen. Wenn die Polenta kalt ist, die grob geriebenen Äpfel unterrühren und die Polenta-Apfel-Masse unter ständigem Rühren in heißer Butter rösten.
2 Den Schmarren vor dem Servieren mit Zimt und Zucker bestreuen.

✓ TIPP
Dazu passt Apfelkompott oder Milch.

Zutaten
1/2 l Wasser
1/2 TL Salz
400 g Maisgrieß
400 g Äpfel

70 g Butter
Zimt und Zucker zum Bestreuen

Polenta mit Mandelhaube

Zutaten

Polenta
200 g Polentagrieß
3/4 l Wasser
1 Prise Salz
3 EL Honig
2 Eier

Butter für die Form

Mandelhaube
80 g Butter
150 g Mandelsplitter
2 EL Honig

Zubereitung

1 Polentagrieß in kochendes Salzwasser einrühren und 5 Minuten unter Rühren kochen lassen, danach zugedeckt auf kleinster Flamme ausquellen lassen.

2 Den Topf von der Herdplatte nehmen, Honig und Eier unterrühren, eine Auflaufform oder ein Backblech ausbuttern und die Polenta einfüllen.

3 Für die Mandelhaube die Butter in einer Pfanne zergehen lassen, Mandelsplitter und Honig darin kurz andünsten, danach über die Polenta verteilen und im Backofen bei 180 °C 25–30 Minuten backen.

4 Polenta mit Mandelhaube portionieren, heiß auf Tellern anrichten und mit Kompott nach Wahl servieren.

Himbeerstrudel
mit Sterz

Zutaten
1 P. Strudelteig
1/2 l Milch
120 g Butter
150 g Polentamehl
2 Eier
Saft und Schale von einer Bio-Zitrone
250 g Himbeeren

Butterflocken
Schokoladensauce

Zubereitung
1 Für die Sterzfülle die Milch mit der Butter aufkochen, das Polentamehl einrühren und so lange weiterrühren, bis sich ein dicker Brei bildet.
2 Die Polenta abkühlen lassen, dann die Eier, Zitronenschale und -Saft einrühren.
3 Die Sterzmasse auf den Strudelteig aufstreichen, Himbeeren daraufgeben (einige für die Garnitur zurückbehalten) und einrollen.
4 Den Strudel auf ein eingefettetes Blech geben, mit Butterflocken bedecken und bei 175 °C im Backrohr backen, bis der Strudel goldbraun ist.
5 Den Strudel portionieren und mit Schokoladensauce und Himbeeren garnieren.

Gebackene Polentanudeln
mit Glühwein

Zutaten
300 ml Milch
1 Prise Salz
100 g Grieß
1 Ei
50 g Mehl
Staubzucker und Zimt zum Bestreuen

Mehl zum Ausarbeiten
Öl zum Ausbacken

Glühwein
250 ml Rotwein
100 ml Wasser
100 g Zucker
1 Zimtstange

Zubereitung
1 Die Milch in einen Topf geben, leicht salzen und aufkochen lassen, den Polentagrieß mit einem Schneebesen in die kochende Milch einrühren, 3 Minuten kochen lassen.
2 Den Topf vom Herd ziehen und die Eier unterrühren, danach die Polenta 30 Minuten auskühlen lassen.
3 Mehl zur Polenta hinzufügen und auf einer bemehlten Arbeitsfläche gut verkneten.
4 Mit bemehlten Händen 4 cm lange, fingerdicke Nudeln formen und diese in heißem Öl goldgelb ausbacken, anschließend warm stellen.
5 Für den Glühwein alle Zutaten kurz erhitzen und 5 Minuten ziehen lassen, Zimtrinde herausnehmen.
6 Die Nudeln auf Tellern anrichten und mit Staubzucker und Zimt bestreuen. Den Glühwein (zum Begießen der Nudeln) getrennt dazu servieren.

Rezept-Register

Bagersterz 30
Bettlersterz I 20
Bettlersterz II 20
Breinsterz 16
Brennsterz 11
Erdäpfel-Polenta 68
Erdäpfelsterz 18
Gebackene Polentanudeln mit
 Glühwein 92
Gebackenes Osterkitz in der
 Polentakruste mit kalter
 Olivenölsauce 60
Gebratene Maisrösti 45
Gebratene Polenta mit
 Rhabarberkompott 88
Gebratene Polentascheiben
 mit Zucker und Zimt 82
Gegrillte Bohnenpolenta 53
Gegrillte Hendlhaxen mit
 Polentatalern 54
Gekochte oder gegrillte
 Maiskolben 74
Gemüse im Maisgrießring 41
Gersten-Bohnen-Sterz 22
Gerstensterz 16
Glossar 6
Gnocchi di polenta al gorgonzola
 (Nockerln aus Maisgrieß mit
 Gorgonzola) 72
Grießsterz 22
Grießsterz mit Zwetschken-
 röster 28
Häfensterz mit saurer Milch .. 11
Halbsterz 17
Hasenpfeffer mit Polenta-
 scheiben 56
Heiden(Buchweizen)sterz ... 24
Heidensterz II 24
Himbeerstrudel mit Sterz 92
Holzknechtsterz 20
Kürbiskernölpolenta mit
 Mischpilzen 48
Mais-Safran-Suppe 33
Maisbrot 74
Maisbrot II 74
Maisgrießauflauf mit Speck,
 Salami und Sultaninen 47
Maisgrießparfait mit Beeren-
 sauce 86

Maisgrießsoufflé mit frischen
 Feigen 83
Maismehlgarnica (Rumänien) . 76
Maisschmarren mit Bohnen-
 gemüse 44
Maissterz mit Schwammerln . 12
Maissuppe 33
Mamaliga (Rumänisches
 Nationalgericht) 77
Mohngarnica (Rumänien) 76
Ölsterz 27
Pfannküchlein mit Maiskörnern
 und Pilzen 39
Pikante Polentatorte 62
Pikante Sterzecken mit
 Bauernschinken 39
Polenta alla griglia (Gegrillte
 Polenta mit Spiegelei) 70
Polenta alla pancetta 72
Polenta auf italienische Art .. 66
Polenta mit Äpfeln 88
Polenta mit Kastanien und
 Speck 42
Polenta mit Mandelhaube 90
Polenta nach Lasagne-Art ... 73
Polenta und Fricka (Holzhacker-
 kost aus dem Gailtal) 52
Polenta-Apfelschmarren 89
Polenta-Gratin 69
Polenta-Grundrezept 67
Polenta-Kürbis-Kuchen pikant 46
Polenta-Pizza 71
Polentaauflauf mit Schafkäse 57
Polentaecken mit Schwammerln
 und Faschiertem 58
Polentagratin mit Frühlings-
 zwiebeln und Gorgonzola .. 69
Polentakarpfen 62
Polentaknödel auf Vanillesauce 82
Polentaknödelsuppe 34
Polentalaibchen mit Käse,
 Speck, Schwammerln und
 Paradeisern 64
Polentanockerln 36
Polentapudding mit Früchten
 der Saison 79
Polentarhomben mit Pilz-Käse-
 Sauce 52
Polentascheibchen 37

Polentascheiben mit Schinken 40
Polentascheiben auf Spinat .. 42
Polentaschnitten mit Käse
 überbacken 58
Polentasterz als Beilage 12
Polentasterz mit Grammeln .. 14
Polentatommerl 31
Riebel (Maissterz) 12
Riebelsterz mit Erdäpfeln ... 16
Römische Krusteln 68
Saibling auf Linsen mit Polenta 65
Sauerbrunner Bohnensterz .. 18
Schwammerlsterz 22
Schweizer Mais-Milch-Suppe . 33
Steirischer Grießsterz 25
Steirischer Schwammerlsterz . 23
Sterz (Grundrezept) 11
Sterz aus Getreideschrot ... 14
Sterz- oder Grießflammeri ... 86
Sterz-Gerichte 10
Sterzauflauf mit Fruchtsauce . 85
Sterzologie 6
Sterzsuppe mit Lauch 35
Suppen, Suppeneinlagen &
 Beilagen 32
Süße Polenta mit Früchten .. 80
Süße Polentacreme 79
Süße Sterze 26
Süße Sterze 26
Süßer Maisgrießauflauf 84
Süßer Maisgrießbrei 87
Süßer Polentasterz 29
Tischpolenta 70
Tofu-Pilz-Ragout mit Polenta . 63
Topfenknödel mit Maisgrieß .. 82
Topfenriebel mit Holundermus 27
Topfensterz 18
„Türken"-Sterz geröstet 14
Überbackene Polenta 39
„Verheirateter" Sterz 27
Woazschnitten
 (Polentaschnitten) 36

Aus unserem Programm „Einfach & gut"

www.stocker-verlag.com

Folgende Titel sind in der Reihe „Einfach & gut" bereits erschienen:

Apfel & Birne	ISBN 978-3-7020-1190-1
Süßes aus Großmutters Küche	ISBN 978-3-7020-1230-4
Brot, Gebäck und Brotaufstriche	ISBN 978-3-7020-1266-3
Fleisch & Geflügel	ISBN 978-3-7020-1211-3
Salate	ISBN 978-3-7020-1183-3
Kürbis	ISBN 978-3-7020-1221-2
Kohl & Kraut	ISBN 978-3-7020-1191-8
Knödel	ISBN 978-3-7020-1265-6
Obstkuchen	ISBN 978-3-7020-1186-4
Terrinen, Sülzen, Pasteten	ISBN 978-3-7020-1184-0
Fisch	ISBN 978-3-7020-1185-7

Leopold Stocker Verlag
Graz – Stuttgart

Die gepflegte Küche Österreichs

Viele weitere Köstlichkeiten finden Sie jedes Monat in unserem Magazin.

KOCHEN & KÜCHE

Kochen & Küche ist ein hilfreicher Ratgeber für alle, die sich für gutes Essen, für Informationen zu Lebensmitteln und für kulinarische Regionen interessieren.

Kochen & Küche – die Küchenbibliothek
- erscheint monatlich, reich bebildert
- mit mehr als 40 Rezepten pro Ausgabe, die der Jahreszeit und den Festen im Jahreslauf entsprechend ausgewählt sind
- ist bestrebt, die Natur miteinzubeziehen. Die Wildkräuterküche ist eine Besonderheit in diesem Kochmagazin
- Lebensmittelinformationen und Wissenswertes zu Slow food
- Leserrezept des Monats
- mit Informationen und Tipps zur vorgestellten Genuss-Region und deren Besonderheiten
- viele Rezepte für die vegetarische, die leichte und die traditionelle Küche

Weitere Infos unter:
Tel. +43/316/82 16 36-142
Tel. +43/316/83 56 12
leserservice@kochenundkueche.com

Jetzt günstig kennen lernen:
3 Ausgaben „Kochen & Küche" plus ein Dankeschön Ihrer Wahl!

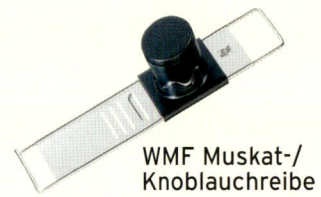
WMF Muskat-/
Knoblauchreibe

Riess Edelstahl
Eierteiler

WMF
Bratenthermometer

Riess
Spaghettiheber

www.kochenundkueche.com